STARK

INTERPRETATIONEN DEUTSCH

J. W. v. Goethe

Faust I

Interpretiert von
Ulrich Schlemmer

STARK

Bildnachweis
Umschlagbild: Will Quadflieg als Faust (li.) und Gustav Gründgens als Mephisto in der Faust-Verfilmung von 1960, Rosemarie Clausen, © Dr. Bettina Clausen
S. 3: Porträt Johann Wolfgang Goethe
S. 10: Faust-Museum und Faust-Archiv, Knittlingen
S. 24, 47, 58, 101, 106: © Ruth Walz
S. 30: Weinfass aus "Faust in Leipzig", Edition Schulze, Leipzig 1858, Leipziger Verlagsgesellschaft
S. 32: Freies Deutsches Hochstift, Frankfurter Goethe-Museum
S. 34, 68: bpk /kpa /Arthur Grimm
S. 66: Harenberg Kommunikation Verlags- und Medien GmbH & Co. KG, Dortmund 1997, Schauspielführer S. 343-2
S. 72: ullstein bild - Lieberenz
S. 83: Stiftung Weimarer Klassik

ISBN 978-3-86668-498-8

www.stark-verlag.de
1. Auflage 2000

Inhalt

Autor: Ulrich Schlemmer

Vorwort

Liebe Schülerin, lieber Schüler,

diese Interpretationshilfe zu *Faust. Der Tragödie erster Teil* von Johann Wolfgang von Goethe ermöglicht Ihnen eine umfassende Vorbereitung auf Ihre Unterrichtslektüre, Klausuren und die schriftliche oder mündliche Abiturprüfung.

Der **erste Teil** informiert über **wesentliche Abschnitte** in Goethes **Leben**, vor allem über solche, bei denen ein engerer Zusammenhang zur Entstehung des *Faust* vorliegt. Er stellt kurz die Geschichte des **Faust-Stoffes** dar, die bis zu Goethes *Faust* bereits eine fast zweihundertjährige Tradition hat. Ebenso verfolgt er die **Entstehung** des *Faust I*, zeigt, dass dessen Abfassung Goethe sein Leben lang begleitete und weist den Einfluss von Goethes Arbeitsweise auf die Textgestaltung nach.

Der **zweite Teil** gibt den **Inhalt** des Dramas ausführlich wieder. Die **Textanalyse und Interpretation** untersucht in einem **dritten Teil** zunächst den **Bauplan** des Dramas. Ebenso werden die wichtigen **Personen** knapp charakterisiert sowie deren Beziehungen – auch unter dramaturgischen Gesichtspunkten – verdeutlicht. Der ganze Reichtum an Motiven, Bildern, Gestalten und Anspielungen des *Faust I* wird danach erschlossen und für die Interpretation fruchtbar gemacht. Dazu gehören **Textstrukturen, Sprache und Metrik** genauso wie die Darstellung **zentraler Aspekte und Motive** des Dramas. Zuletzt lesen Sie exemplarische Interpretationen ausgewählter **Schlüsselszenen**.

Der abschließende **vierte Teil** beschäftigt sich mit der **Rezeptionsgeschichte** des *Faust I*. Dabei wird die literaturwissenschaftliche Rezeption genauso berücksichtigt wie die literarische Rezeption des *Faust* durch andere Autoren.

Ulrich Schlemmer

Ulrich Schlemmer

Einführung

„Zwei Seelen wohnen, ach! in meiner Brust" (V. 1112)

Faust, Gelehrter und Titelfigur des gleichnamigen Dramas von Johann Wolfgang von Goethe, oszilliert zwischen zwei Extremen: seinem philosophischen Erkenntnisstreben nach dem Absoluten, das „die Welt im Innersten zusammenhält" (V. 382 f.), und seiner leidenschaftlichen, euphorischen Hinwendung zum sinnlichen Leben.

Fausts menschlicher Mikrokosmos, seine innere Zerrissenheit, spiegelt sich im Makrokosmos des Weltpanoramas, in das er eingebunden ist. Wahres, Gutes und Schönes auf der Seite des „Herrn" wetteifert mit dem Niedrig-Triebhaften in Mephistos Reich.

Spürt auch der moderne Mensch in seinem Leben Reflexe von Fausts Welt- und Lebenserfahrung mit ihren Widersprüchen? Streben wir ebenfalls danach, die Schranken menschlichen Wissens und menschlicher Erkenntnisfähigkeit zu durchbrechen?

Man könnte dies annehmen, wenn man den fast ungeteilten Zuspruch sieht, den das Drama seit seiner Entstehung erfahren hat. Es behauptet sich in Schule und Universität wie auch an den Theatern, zu deren festem Repertoire es gehört. Das Stück hat offensichtlich das Potenzial, von jeder Generation neu für sich entdeckt zu werden und weit über einen Zitatenschatz hinaus seine Stellung als Kulturgut zu beweisen.

Das Abenteuer der Texterkundung liegt nun vor Ihnen.

Einführung

Biografie und Entstehungsgeschichte

1 Biografisches

Johann Wolfgang Goethe wurde am 28. August 1749 in Frankfurt am Main geboren. Väterlicherseits stammte er aus einer thüringischen Handwerker- und Bauernfamilie, mütterlicherseits aus einer süddeutschen Gelehrten- und Juristenfamilie.

Goethes **Vater**, Johann Caspar Goethe, konnte dank seiner Vermögensverhältnisse sein Leben lang privaten Studien und Liebhabereien nachgehen. Die **Mutter**, Catharina Elisabeth Textor, stammte gleichfalls aus begüterten Verhältnissen. So wuchs der Knabe Johann Wolfgang behütet und finanziell abgesichert auf und hatte zumindest in dieser Hinsicht eine unbeschwerte Jugend. Von Schicksalsschlägen blieb allerdings auch die Familie Goethe nicht verschont; vier der sechs Kinder starben sehr jung. Nur Johann Wolfgang und seine um ein Jahr jüngere **Schwester Cornelia** überlebten. Entsprechend eng war auch das Verhältnis der Geschwister. Cornelia war neben der Mutter die einzige Vertraute, die Goethe in der Jugendzeit hatte.

Von der Mutter erbte Goethe – nach eigenem Bekunden – die künstlerische Ader, vom Vater dagegen eher Tugenden der praktischen Lebensführung, wie eine ausgeprägte Ordnungsliebe.

Und gerade dem Vater verdankte Goethe eine sehr **gründliche und umsichtige Erziehung und Bildung**, größtenteils durch Privatlehrer im Hause, wie das bei wohlhabenden Familien üblich war. Im Rahmen dieser Ausbildung machte Goethe zuerst Bekanntschaft mit den alten – Latein und Griechisch, später auch noch Hebräisch – wie mit den neuen Sprachen – Englisch, Französisch und Italienisch –, vor allem an Beispielen ihrer jeweiligen Literatur. So las schon der Knabe die Werke von Äsop, Homer, Vergil, Horaz und Ovid, genauso wie diejenigen von Daniel Defoe, die *Geschichten aus tausend und einer Nacht* oder Schnabels *Insel Felsenburg.* Aber auch Volksbücher, z.B. der *Eulenspiegel* gehörten zu seiner Lektüre. Nach der sprachlich-literarischen Erziehung stand der Erwerb gleichfalls gründlicher naturwissenschaftlicher Kenntnisse auf dem Bildungsplan des Vaters, hinzu kam eine intensive **religiöse Erziehung** im Geiste des damals in Frankfurt dominierenden aufgeklärten Luthertums. Neben regelmäßigen Gottesdienstbesuchen gehörte dazu auch die tägliche Lektüre von Altem wie Neuem Testament. Goethe bekannte noch im Alter, dass er dieser Bibellektüre einen Großteil seiner geistigen Bildung zu verdanken habe. Da Goethes Vater ein für Künstler verschiedenster Disziplinen offenes Haus hatte, wuchsen die Geschwister von Anfang an in einer Atmosphäre auf, in der Literatur, bildende Kunst und Kreativität einen hohen Stellenwert hatten. Seine erste Erfahrung mit dem Theater hinterließ in dem Elfjährigen einen bleibenden Eindruck und große Begeisterung für dieses Metier.

Eines der einschneidendsten Ereignisse in Goethes Jugendzeit, das seine spätere Entwicklung, insbesondere seine religiöse Einstellung, entscheidend prägte, war das **Erdbeben von Lissabon (1755)**, ein Ereignis, das ganz Europa erschütterte. Goethe sagt in seiner Autobiografie *Dichtung und Wahrheit* aus der Distanz des Alters und der Reife, dass er durch das Erdbeben in seinem Glauben an einen gütigen Gott als Schöpfer und Erhalter des Himmels und der Erde erschüttert wurde. Der Knabe wollte nicht mehr einsehen, dass ein Gott gerecht sein könne, der durch ein solches Ereignis die Gerechten und die Ungerechten gleichermaßen der Vernichtung preisgab.

Und noch ein Ereignis der Jugendzeit muss erwähnt werden, Goethes **erste** schwärmerische **Jugendliebe** zu einem jungen Mädchen namens Gretchen. In *Dichtung und Wahrheit* spricht er davon, dass ihn die Begegnung mit Gretchen nicht mehr losgelassen und der Gedanke an sie ihn unaufhörlich verfolgt habe.

1765 ging Goethe für drei Jahre nach **Leipzig**, um dort **Jura** zu **studieren**. Wie intensiv und erfolgreich er sein Jurastudium betrieb, ist schwer zu sagen. Ohne jeden Zweifel erhielt er aber in diesen drei Jahren zahlreiche Eindrücke, da er sich bald auch den bildenden Künsten zuwandte und Unterricht im Zeichnen und Kupferstechen nahm. Dichterisch widmete er sich in dieser Zeit der Rokokopoesie, wozu sicher auch seine erste ernsthafte Liebe – zu Anna Catharina Schönkopf – beitrug. Aus der Leipziger Zeit sind erste Gedichte von Bedeutung erhalten. Im August 1768 kehrte der schwer erkrankte Goethe von Leipzig **zurück nach Frankfurt**, wo er **bis April 1770** blieb, um dann in **Straßburg** seine Studien abzuschließen. Wie in Leipzig fand Goethe schnell Anschluss an einen Kreis junger Leute, zu denen z. B. der Arzt und Schriftsteller Jung-Stilling und Jakob Michael Reinhold Lenz gehörten. Zwei wichtige Begegnungen der Straßburger Zeit sind dabei hervorzuheben, die sich auch literarisch niedergeschlagen haben. Das ist einmal jene mit **Johann Gottfried Herder.** Zwischen ihm und Goethe entwickelte sich eine tiefe Freundschaft, genährt durch das gemeinsame Interesse an Sprache und Literatur. Die zweite Bekanntschaft war **Friederike Brion**, eine Pfarrerstochter aus Sesenheim. Beide empfanden große Zuneigung füreinander, die aber **1771** mit der **Rückkehr** Goethes nach **Frankfurt** ein jähes Ende fand. Seine Gefühle für Friederike verewigte Goethe in den *Sesenheimer Liedern*.

Im August 1771 stellte **Goethe** in seiner Heimatstadt den Antrag auf Zulassung als **Rechtsanwalt**. Bis zu seiner Abreise nach Weimar im Herbst 1775 betrieb Goethe seine Anwaltspraxis und führte insgesamt 28 Prozesse. In diesem Zusammenhang dürfte er auch den **Prozess** gegen **Susanna Margaretha Brandt** verfolgt oder sogar als Zuschauer besucht haben. Die 24-jährige Dienstmagd war des **Kindsmordes** angeklagt und wurde zum Tod durch das Schwert verurteilt. Verwandte Goethes waren wohl auch amtlich an diesen Prozess beteiligt, denn in Goethes Nachlass haben sich Teilabschriften der Prozessakten gefunden. Das naive, unbescholtene Mädchen gestand im Prozess, dass sie von einem Logiergast schwanger geworden sei und nach einer Sturzgeburt in der Waschküche das kaum noch lebende Kind verstümmelt und umgebracht habe. Der Prozess und das Schicksal der Susanna Margaretha Brandt haben Goethe wohl so tief beeindruckt und beschäftigt wie seine erste Liebe zu Gretchen. So finden sich das Motiv des Kindsmordes und der Name Gretchen in *Faust I* wieder. Unterbrochen wurde die Frankfurter Zeit seiner bürgerlichen Berufstätigkeit durch ein mehrere Monate dauerndes Praktikum am **Reichskammergericht in Wetzlar** (Mai – September 1772), wo Goethe seine juristischen Kenntnisse erweitern wollte. Von Juli bis August 1774 unternahm er eine Rheinreise und von Mai bis Juli 1775 seine erste Reise in die Schweiz. In kaum einer Phase in Goethes Leben sind so viele dichterische Entwürfe entstanden wie in den Frankfurter Jahren. Er selbst sagte von sich damals: „Wenn ich nicht Dramas schriebe, ich ging zu Grund [...]“[1]. Gegenwärtige und vergangene Erlebnisse, z. B. aus Leipzig, Straßburg oder Wetzlar, verdichteten sich zu poetischer Gestalt, als Idyllen, Oden, Hymnen und Lieder, aber auch als dramatische Skizzen, z. B. zum Faust-Thema. Doch mit einem Schlag berühmt wurde der junge Dichter 1774 mit seinen Werken *Die Leiden des jungen Werthers* und dem *Götz von Berlichingen*. Im letzten Frankfurter

Jahr (1775) verliebte sich Goethe erneut sehr leidenschaftlich, und zwar in die sechzehnjährige **Lili Schönemann**. Das Verhältnis entwickelte sich sogar bis zur Verlobung, die dann wieder gelöst wurde. Die Trennung erleichterte ihm die Entscheidung für ein Angebot des **Erbprinzen Karl August von Sachsen-Weimar-Eisenach**, nach Weimar zu kommen.

Am **7. 11. 1775 ging Goethe** als Sechsundzwanzigjähriger nach **Weimar**, der Residenzstadt des Herzogtums Sachsen-Weimar-Eisenach. Die Herzogin-Witwe, Anna-Amalie, hatte in siebzehn Regierungsjahren und mit viel Umsicht ihren Hof zu einem Zentrum für Kunst und Wissenschaft gemacht. Sehr schnell entwickelte Goethe ein enges Vertrauensverhältnis zu dem jungen Erbprinzen, der bald darauf die Regierungsgeschäfte übernahm. Im Juni 1776 trat Goethe als **Geheimer Legationsrat** in den Weimarer Staatsdienst ein. Während der ersten zehn Jahre in Weimar – bis zu Goethes fluchtartiger, heimlicher Abreise nach Italien 1786 – war das Leben des Geheimrates Goethe vor allem durch stetig zunehmende Verwaltungstätigkeiten geprägt. Diese Ämterhäufung kam ihm, der sich gern mit Neuem beschäftigte, zunächst entgegen, obwohl er sie zunehmend als Belastung empfand.

Dazu kamen **Verpflichtungen** bei **Hofe**, bei denen vor allem seine poetischen und schauspielerischen Talente gefragt waren. Bei Leseabenden trug er eigene Arbeiten vor, wie die aus Frankfurt mitgebrachten Faust-Szenen oder auch spontane Improvisationen. Die wohl prägendste Begegnung war dabei die mit der Hofdame **Charlotte von Stein**, deren Persönlichkeit ihn tief beeindruckte und beeinflusste. In dieser Zeit entwickelte er ein immer entschiedeneres Streben nach Reinheit und Klarheit im künstlerischen Schaffen, das in *Iphigenie auf Tauris* einen ersten Höhepunkt erreichte. Zusätzlich begann Goethe eine Reihe **naturwissenschaftlicher Studien** in der Mineralogie, Anatomie und Botanik.

Von Juli bis August 1786 weilte Goethe – seit 1782 mit dem **Adelsdiplom** Kaiser Josephs II. ausgestattet – in Karlsbad zur Kur. Von dort aus reiste er heimlich nach **Italien**, wo er an verschiedenen Orten zwei Jahre mit Reisen, Kunststudien, Zeichnen und der Arbeit an poetischen Arbeiten verbrachte. *Iphigenie* wurde schon nach der Ankunft in Rom in Verse umgeschrieben, auch am *Faust* und an *Torquato Tasso* arbeitete er weiter.

Im **Juni 1788** kehrte Goethe **nach Weimar zurück**, wo er bis zu seinem Tod blieb. Er wurde von fast allen Regierungsgeschäften entlastet und erhielt schrittweise die oberste Leitung aller wissenschaftlichen und künstlerischen Anstalten des Herzogtums, darunter ab 1791 auch die Leitung des Weimarer Hoftheaters. Allerdings hatte Goethe große Schwierigkeiten, die Beziehungen zu den Weimarer Freunden wieder aufleben zu lassen. Mit Charlotte v. Stein kam es z.B. 1789 zum Bruch. So suchte Goethe neuen Umgang, vor allem unter den Professoren der Jenaer Universität. Es gibt aus der Zeit kurz nach der Italienreise wenig poetische Werke, Goethe beschäftigte sich dafür intensiv mit seinen naturwissenschaftlichen Studien, insbesondere mit der *Metamorphose der Pflanzen* und der *Farbenlehre.*

Zwei **wichtige Menschen** befreiten ihn aus seiner Isolation. Bereits 1788, also gleich nach seiner Rückkehr aus Italien, hatte Goethe **Christiane Vulpius**, ein dreiundzwanzigjähriges Mädchen aus kleinbürgerlichen Kreisen der Stadt, zu seiner Geliebten gemacht und bald darauf zu seiner ständigen Hausgenossin. Diese Beziehung sollte bis zu Christianes Tod 1816 Bestand haben. Im Dezember 1789 wurde Goethes Sohn **August** geboren. 1806, also fast zwei Jahrzehnte nach Beginn der Beziehung, ließ sich Goethe mit Christiane Vulpius in aller Stille kirchlich trauen. Die zweite wichtige Begegnung war die mit **Friedrich Schiller**, der zu dieser Zeit Professor in Jena war. Diese Bekanntschaft befreite Goethe vor allem aus seiner geistigen Abgeschlossenheit. Die beiden waren sich zwar schon vorher begegnet, doch erst

1794 erkannten die zwei Dichter bei einem Vortrag der ‚Jenaer Naturforschenden Gesellschaft' ihre Geistesverwandtschaft. Aus dieser Begegnung entwickelte sich eine tief empfundene Freundschaft, die beide künstlerisch befruchtete. 1799 zog Schiller sogar von Jena nach Weimar. Ihm gelang es auch, Goethe zur Wiederaufnahme der Arbeit am *Faust* zu bewegen, der seit fast zehn Jahren zwar gedruckt, aber immer noch als ‚Fragment' vorlag. Die Freundschaft zwischen den Dichtern endet **1805** mit **Schillers Tod**. Dieses Ereignis bildete eine tiefe Zäsur in Goethes Leben. Er arbeitete weiter an der *Metamorphose* und an der *Farbenlehre* und beendete einige Arbeiten; darunter das *Fragment*, das 1808 umgearbeitet als *Faust. Der Tragödie erster Teil* erschien. 1811 entschloss sich Goethe, sein eigenes Leben zu beschreiben. In den folgenden drei Jahren entstanden und erschienen die drei Teile von *Dichtung und Wahrheit*, wie Goethes Autobiografie schließlich hieß. Zunehmend entfremdete sich Goethe von den Vertretern der jüngeren Generation, insbesondere den Romantikern.

Nach der napoleonischen Ära und der Neuordnung Europas auf dem Wiener Kongress erlebte Goethe eine ‚neue Jugend'. Dafür verantwortlich waren eine Wiederbegegnung mit der Heimatstadt sowie neue Bekanntschaften und Freundschaften, insbesondere die schwärmerische Zuneigung einer Frau, die Goethe bald erwiderte. **Marianne von Willemer**, die Frau eines Frankfurter Bankiers, entfachte seine poetische Fantasie aufs Neue. So entstand die *Italienische Reise – erster und zweiter Teil* in dieser Zeit. Wichtigstes Ergebnis dieser neuen dichterischen Schaffensperiode ist allerdings die Gedichtsammlung *West-östlicher Diwan*. Nach einigen schweren Erkrankungen Anfang der Zwanzigerjahre nahm Goethe endlich auch die Arbeiten an *Faust. Der Tragödie zweiter Teil* wieder auf. Ein Dreivierteljahr nach der Fertigstellung des *Faust* **starb Goethe** am **22. März 1832**.

2 Stoffgeschichte

Der Faust-Stoff hat eine lange Tradition und geht auf eine **historische Gestalt** zurück, von der aber nur wenige Lebenszeugnisse überliefert sind. Vermutlich im Jahre 1480 wurde in Knittlingen ein Johann Faust geboren, der um 1540 im Breisgau starb. Er hatte sich wohl einige naturwissenschaftliche, medizinische und theologische Kenntnisse erworben, aber zu einer gewissen Berühmtheit gelangte er wohl eher durch sein Auftreten als Wahrsager auf Jahrmärkten als durch wissenschaftliche Leistungen. Dieser Faust wird auch von angesehenen Zeitgenossen wie Philipp Melanchthon, Martin Luther und Ulrich von Hutten erwähnt. Eine weitere Gestalt könnte Vorbild für den Faust der schon bald einsetzenden Sagenbildung gewesen sein: der 1466 in Helmstadt bei Heidelberg getaufte Georg Helmstetter. Er hatte in Heidelberg studiert, wurde 1484 Baccalaureus und 1487 Magister der Philosophie. Auf einer öfter erwähnten Visitenkarte stellt er sich als „Magister Georgius Sabellicus Faustus Junior“ vor. Der Beiname „sabellicus“ verweist auf eine italienische Landschaft nahe Rom, auf Sabinien, das als Heimat der Wahrsager und Magier galt und somit als Referenz dienen konnte. Der zweite Zuname „Faustus“ bedeutet ‚der Glücksbringer‘ und mochte einem professionellen Wahrsager als weitere Empfehlung dienen. Der Zusatz „Junior“ (der Jüngere) schließlich ließ die Forschung nach einem Faust

„senior“ suchen und man glaubte durchaus, ihn in einem „Publius Faustus Andrelinus“ (gest. 1518) gefunden zu haben. Goethe machte daraus Fausts Vater, der mit seinem Sohn zusammen praktiziert habe (vgl. „Vor dem Tor“, V. 997 ff.).

Nach den vorliegenden Daten gehört der historische Faust wohl in den Kreis der Renaissance-Magier wie Theophrastus Paracelsus, von dem einige Forscher gewisse Züge in Goethes Faust wiedererkennen, oder ein Agrippina von Nettesheim, dessen Vornamen – Heinrich – Goethe seinem Faust gibt.

Einen gewissen Abschluss der Sagenbildung stellt das **Volksbuch**, die *Historia von D. Johann Faust* dar, die 1587 von Johann Spieß aus Frankfurt vorgelegt wurde und nach der Faust aus Roda bei Weimar stammt, in Wittenberg studiert und dort seinen Doktor der Theologie gemacht haben soll. Diesem Faust wird ein Pakt mit dem teuflischen Diener Mephistopheles angedichtet. Die zeitgenössischen Leser der *Historia* sahen die Lebensgeschichte Fausts als historische Realität, denn der Hexenglaube war im 16. Jahrhundert in der Bevölkerung noch fest verwurzelt. Im Volksbuch wird Faust noch ganz mittelalterlich gesehen, als ein Mann, der sich vorgenommen hat, „die Elemente zu spekulieren“, und deshalb mit dem Teufel einen Bund schließt. Goethe hingegen macht aus seinem Faust einen Renaissance-Magier, einen Mann also, der sich im Sinne der Aufklärung von der Bevormundung durch die kirchlichen Autoritäten zu befreien sucht. Doch bereits der Faust der *Historia* verspürt den unstillbaren Durst nach letzter Erkenntnis. Dies wird dann bei Goethes Faust zum beherrschenden Motiv. Eine gekürzte Ausgabe des *Volksbuches* von Nikolaus Pfitzer hat Goethe wohl als Knabe gelesen.

Bereits um 1587 dramatisierte der englische Schriftsteller **Christopher Marlowe** den Faust-Stoff. Marlowes Stück stellt die erste Bearbeitung des Stoffes von literarischem Rang dar. Von England kam der Stoff wieder zurück nach Deutschland und erfuhr dort eine ganze Reihe von Bearbeitungen mit stetig sinkendem literarischen Niveau. Neue Popularität erwuchs dem Faust-Stoff als Marionetten-Spiel, das häufig auf Jahrmärkten zu sehen war. In *Dichtung und Wahrheit* erwähnt Goethe, dass er dem Faust-Stoff auf diese Weise erstmals begegnete.

Vor Goethe hatte sich bereits **Lessing** mit dem Thema beschäftigt. 1759 veröffentlichte er im 17. Literaturbrief ein Faust-Fragment und im Nachlass von 1786 gibt es einen Entwurf zu einem Faust-Drama. Dieser Entwurf enthält bereits die Idee, dass „ein denkender, einsamer Jüngling" in seinem Wissensdurst eine leichte Beute für den Teufel sei. Aus der Sturm-und-Drang-Zeit, in die auch der erste Entwurf Goethes, der sogenannte *Urfaust* fällt, stammen mehrere Bearbeitungen des Faust-Stoffes. So erschien 1778 von Friedrich Müller, genannt **Maler Müller**, ein Faust-Drama, das aber unvollendet blieb. Faust wird hierin – ganz im Stil des Sturm und Drang – als eine Kraftnatur gezeichnet, die alles, was sich ihr in den Weg stellt, beiseiteschiebt. Auch Müllers Faust schließt einen Bund mit dem Teufel. **Friedrich Maximilian Klinger** schrieb den ersten Faust-Roman und stellt darin ebenfalls Fausts Verlangen nach grenzenloser Selbstverwirklichung heraus.

Das Kindsmordmotiv

Das Kindsmordmotiv kam – wie die gesamte Gretchen-Handlung – in Goethes Frankfurter Jahren (1771–1775) zum Fauststoff des Volksbuches, das nur die Geschichte des Magiers und Forschers enthält. Die Gretchen-Tragödie ist somit Goethes eigene Schöpfung, an der ihn der tragische Ausgang, der Kindsmord und die Verurteilung des Mädchens, interessierten. Die Verstrickung ihres Verführers in Schuld und der seelische Druck auf das Mädchen müssen es gewesen sein, was er als eine notwendige Etappe bei dem rastlosen Vorwärtsstreben seines Helden ansah.[2]

Den direkten Anstoß lieferte ein biografisches Erlebnis aus seiner Frankfurter Zeit: Keine 300 Meter vom Haus seines Vaters entfernt, wurde die der Kindstötung angeklagte Susanna Margaretha Brandt vor ihrem Prozess gefangen gehalten.

Goethes persönliche Umgebung war mit dem Prozess befasst, so fungierte z. B. Goethes Onkel Johann Jost Textor als Schöffe und im Nachlass von Goethes Vater fand sich eine Teilabschrift der Prozessakten. Diese unmittelbare Konfrontation mit dem Schicksal der 25-jährigen Susanna Brandt hinterließ bei Goethe einen tiefen Eindruck.

Die Angeklagte, deren Bruder und Vater Soldaten gewesen waren, hatte in einem Gasthof als Magd gearbeitet. Sie gab an, von einem reisenden Goldschmiedgesellen mithilfe eines Mittels, das er ihr in den Wein gemischt hatte, verführt worden zu sein. Das Kind habe sie aus Angst vor der öffentlichen Schande getötet. Dazu habe sie der Teufel angestiftet – aufgrund dieser Äußerung konnte sie zur Hexe stigmatisiert werden, die mit dem Teufel im Bunde steht. Viel deutet darauf hin, dass ihre Verhandlung auch als Hexenprozess geführt worden ist und ihr Geständnis möglicherweise unter Folter oder aus Furcht davor gemacht wurde. Fausts Äußerung in „Trüber Tag. Feld“ lässt eine solche Vermutung gleichfalls zu: „Als Missetäterin im Kerker zu entsetzlichen Qualen eingesperrt“[3]. Am 14. Januar 1772 wurde Susanna Margaretha Brandt hingerichtet.

Über die persönliche Ergriffenheit hinaus war Goethe aus zwei weiteren Gründen für das Thema Kindstötung sensibilisiert. Zum einen hatte er sich bereits anlässlich seiner Promotion mit dieser juristisch und sozial relevanten Problematik und besonders dem Strafmaß für Kindsmörderinnen befasst.[4]

Zum anderen wurde das Thema Kindsmord und das Schicksal dieser zumeist sehr jungen Frauen, die ihr uneheliches Kind aus Verzweiflung getötet hatten, in dieser Zeit heftig diskutiert, nicht nur unter Juristen. Auch die Dichter des Sturm und Drang befassten sich wiederholt damit:

- Der Advokat Leopold Wagner schrieb das Trauerspiel *Die Kindesmörderin*, in dem das junge Evchen ihren Säugling in geistiger Verwirrung ersticht, da sie sich vom Vater des Kindes im Stich gelassen glaubt. Goethe beschuldigte Wagner, den er aus seiner Straßburger Zeit kannte, 1776 sogar des Plagiats.

- Der Jurist Gottfried August Bürger setzte sich mit der Problematik in seiner Ballade *Des Pfarrers Tochter von Taubenhain* (vor 1782) auseinander. Darin wird ein bürgerliches Mädchen von einem unmoralischen Adeligen verführt und geschwängert. Es ermordet in seiner Verzweiflung das Neugeborene und wird dafür hingerichtet.
- Auch der junge Schiller verfasste ein Gedicht mit dem Titel *Die Kindesmörderin* (1780/81), das ebenfalls in drastischen Worten die Hinrichtung einer zur Mörderin ihres Kindes gewordenen Frau behandelt.
- Jakob Michael Reinhold Lenz gestaltete das Motiv des Kindsmords in seiner Erzählung *Zerbin oder die neuere Philosophie* (1776) aus und ließ es auch in seinen Dramen *Der Hofmeister* (1774) und *Die Soldaten* (1776) anklingen.

Das gesteigerte Interesse, das die Autoren für das Schicksal von Kindsmörderinnen, die sozialen Ursachen für die Verbrechen und die strafrechtlichen Folgen zeigten, schlug sich nicht nur in literarischen Bearbeitungen nieder, sondern regte auch eine Diskussion auf gesellschaftlicher Ebene an.

Für die Dichter eignete sich der Stoff, um die Rückständigkeit und Ungerechtigkeit der Justiz, die Doppelmoral der Gesellschaft sowie die Grausamkeit in der Bestrafung der verurteilten Frauen aufzuzeigen. Nach der Auffassung vieler Vertreter des Sturm und Drang hatte der Mann, der Verführer, den größeren Anteil an der Schuld für dieses Verbrechen – und doch blieb er von der Justiz völlig unbehelligt. So gab die literarische Beschäftigung mit dem Kindsmordmotiv wichtige Impulse zu einer Milderung des Strafrechts.

3 Entstehungsgeschichte

Nach den überlieferten Textfassungen kann man **vier Entstehungsphasen** für den gesamten *Faust* ausmachen. Die ersten drei betreffen die Entstehung des ersten Teils, wobei die erste Phase in Goethes Sturm-und-Drang-Zeit fällt. Ihr wird auch der *Urfaust* zugeschrieben. Die zweite und dritte Phase fallen in die Zeit der Weimarer Klassik und der Freundschaft und Zusammenarbeit mit Schiller. Ihnen ordnet man das *Faust-Fragment* zu und dann schließlich den 1806 vollendeten und 1808 erschienenen *Faust. Der Tragödie erster Teil.* Die vierte Phase ist ganz der Fertigstellung des zweiten Teils des *Faust* gewidmet und umfasst Goethes letzte Lebensjahre.

Die **ersten Arbeiten** an einzelnen Szenen des *Faust* fallen in die Siebzigerjahre, also kurz bevor Goethe 1775 an den Weimarer Hof kommt. In den Jahren 1773/74 erwähnen verschiedene Bekannte Goethes den *Faust* bzw. einzelne Szenen daraus. Getrieben von seinem Genius, entwirft Goethe scharf gezeichnete Einzelbilder zu diesem Stoff, ohne sich Sorgen darum zu machen, wie sie sich zu einem Ganzen zusammenfügen lassen werden. Goethe gestaltete nur das, was ihn innerlich bedrängte. Diesen Zusammenhang von Lebenssituation, innerer Verfassung und dichterischer Umsetzung drückt das lyrische Ich in der „Zueignung“ aus (vgl. V. 1–32). In dieser Arbeitsweise entstanden – wenn auch noch nicht komplett – zwei große Szenen-Gruppen: die Gelehrten-Tragödie und die Gretchen-Tragödie. Im Vergleich zu früheren *Faust*-Bearbeitungen gab Goethe dem letzteren Motivkomplex den herausragenden Stellenwert, den er in *Faust I* beibehält. In den Volksbüchern ist „die arme Magd“ eine Nebenfigur und im Puppenspiel fehlt das Motiv ganz. Das Motiv des ‚Titanismus‘, des Über-sich-selbst-Hinauswachsens, ist das erste Element des *Faust,* das Goethes innerstes Leben betraf. Seine Entstehung fällt in eine Zeit, in der Goethe z. B. an Herder schrieb: „Ich möchte beten wie Moses im Koran: Herr, mache mir Raum in meiner engen Brust. Das Ich will sich weiten zur Welt und leidet an den engen Grenzen, an die es laufend stößt." In *Dichtung und Wahrheit* drückt Goethe dieses Lebensgefühl aus: „Was ist Menschsein? Ein sich Verselbsten zum Ich – abgeschlossen, in sich gesammelt, – und sich Entselbstigen zum All – sich verlieren, sich aufgebend, verschwebend in ein Unendliches."[5] Ein weiterer Weg, über sich selbst hinauszuwachsen, ist die Liebe, und deshalb steht neben dem Titanismus der Gelehrten-Tragödie die Gretchen-Handlung. Das Gegenbild zum Forschertitanismus Fausts ist die trockene Schulgelehrtheit eines Wagner, daher findet sich auch die Universitätssatire im *Urfaust*. Und auch zur tief empfundenen Liebe zwischen Faust und Gretchen präsentiert Goethe einen satirischen Gegenentwurf mit der genüsslichen Nüchternheit Mephistopheles' und Frau Marthe. Damit sind die konstitutiven Elemente des sogenannten *Urfaust* aufgezählt.

Konstitutive Elemente des *Urfaust*

Gelehrten-Tragödie	• Forschertitanismus • Universitätssatire
Gretchen-Tragödie	• Liebe (Faust – Gretchen) • sexuelles Interesse (Mephistopheles/Frau Marthe)

Insgesamt sind die beiden Hauptfiguren Faust und Mephistopheles noch nicht vollständig ausgeführt, denn im *Urfaust* fehlt ein wirklicher Grund für das Auftreten des Mephistopheles und damit das Zwei-Seelen-Problem der Faustfigur (vgl. V. 1112). Erst der „Prolog im Himmel" motiviert sein Erscheinen. Mit dem soweit gediehenen Manuskript kam Goethe 1775 nach Weimar und fand dort am Hof sehr bald begeisterte Zuhörer und Zuhörerinnen. Eine von ihnen, das Hoffräulein Luise von Göchhausen, ging in ihrer Begeisterung sogar so weit, das Manuskript von Hand abzuschreiben, und nur diese Abschrift ist überliefert.

1786 begann Goethe, seine Schriften gesammelt herauszugeben. Der *Faust* erschien als ‚**Fragment**': die Handlung bricht nach der Domszene ab und der Pakt zwischen Faust und Mephistopheles fehlt. Im Gegensatz zur Spontaneität des *Urfaust* ist das Fragment bereits durch den Gestaltungswillen des Klassikers Goethe charakterisiert. Die Prosa ist durch Verse ersetzt worden. Nur bei „Trüber Tag. Feld" und in der Kerkerszene scheint dies Schwierigkeiten bereitet zu haben, weshalb die Szenen noch fehlen. Das Fragment enthält dafür bereits erste Verweise auf den *Zweiten Teil*. „Wir sehn die kleine, dann die große Welt".

Die **zweite Schaffensperiode** fällt vor allem in die Jahre 1797 bis 1806; die ‚Periode des Schiller'schen Anteils'. Von **Schiller** kommen die entscheidenden **Anregungen,** am *Fragment* weiterzuarbeiten. So wünscht sich Schiller in einem Brief von 1797, dass Goethe die symbolische Bedeutsamkeit stärker gewichte, die für Schiller darin liegt, dass Faust die Duplizität der menschlichen Natur verkörpere, das verunglückte Streben nach der Vereinigung des Göttlichen und des Physischen im Menschen. In dieser klassischen Phase beschäftigt sich Goethe – ganz der Liebe zum Altertum hingegeben – mit der Figur der Helena. Gleichzeitig formt er aber auch den Pakt zwischen Faust und Teufel und der „Prolog im Himmel" entsteht, der Mephistopheles' irdisches Erscheinen schlüssig erklärt und zugleich den Rahmen der Handlung bildet. Durch die Ergänzung von „Zueignung" und „Vorspiel auf dem Theater" erhält das Stück endgültig den dreifachen Zugang, der es charakterisiert. Es werden aber noch weitere Lücken geschlossen, so durch die Szenen „Nacht. Straße vor Gretchens Haus", „Trüber Tag" (Prosa), „Nacht. Offen Feld" und die Kerkerszene. Das wichtigste Ergebnis dieser Schaffensperiode ist *Faust. Der Tragödie erster Teil*, der 1808 gedruckt wird.

Um 1800 entstand der Anfang der Helena-Handlung, der noch unveröffentlicht blieb. Die **letzte** zusammenhängende **Arbeitsperiode** Goethes umfasst die Jahre **1825 bis 1831**, d. h. bis kurz vor seinem Tod. In ihr vollendet er den zweiten Teil des *Faust*-Dramas. Das vollständige Werk erschien gemäß Goethes Wunsch aber erst nach seinem Tod im Jahre 1832 als Band 1 der *Nachgelassenen Werke*.

Inhaltsangabe

Zueignung (V. 1–32)[6]

Die vier achtversigen Strophen der Zueignung halten einen Moment fest, in dem sich **im Geiste des Dichters** vergangene Erinnerungen mit der gegenwärtigen seelischen Verfassung zur dichterischen Gewissheit und Wirklichkeit vermengen. Die noch undeutlichen Ideen der Jugendzeit verdichten sich zu festerer Form und verlangen nach endgültiger künstlerischer Gestaltung. Es ist der Moment, in dem der Dichter das Drama endlich fertigstellen und zu Papier bringen kann.

(V. 1–8) Unfertige, undeutliche Figuren aus einer früheren Beschäftigung des Künstlers mit dem Stoff erwachen dabei in seiner Vorstellung zu neuem Leben und drängen sich immer stärker in sein Bewusstsein. Durch ihren starken und unwiderstehlichen Zauber vermögen sie sogar die seelische Ergriffenheit aus frühen Tagen wiederzubeleben.

(V. 9–16) Diese rührt offensichtlich von sehr tiefen menschlichen Erfahrungen her, die unmittelbar mit den dichterischen Anfängen des Werkes verknüpft sind. Liebesfreud und -leid und tief empfundene Freundschaft in einem fröhlichen Menschenkreis werden dabei für einen kurzen Augenblick wieder wach. Dieser Kreis bildete auch das ursprüngliche Publikum für das Stück und gab dem Dichter eine erste Resonanz.

(V. 17–24) Verunsichert und ernüchtert macht sich der Dichter klar, dass er nun, in der Gegenwart, sein Werk für ein anderes, anonymes Publikum verfassen muss. Der Gedanke an dessen Beifall beunruhigt ihn eher, als dass er Freude oder Befriedigung empfinden könnte.

(V. 25–32) Doch die Erinnerungen haben auch den alten Gestaltungswillen neu belebt, der den Dichter nun mit ganzer

Kraft erfasst. Die Ergriffenheit des Momentes löst sich nach außen hin in einem befreienden Tränenfluss und öffnet Herz und Geist für den dichterischen Schaffensprozess.

Vorspiel auf dem Theater (V. 33–242)

Der Handlungsort wechselt. Drei Personen – jede in einem eigenen Arbeitsbereich und auf unterschiedliche Weise für eine erfolgreiche Theateraufführung verantwortlich – sind auf der Bühne in ein Gespräch vertieft. Der „Direktor", der „Dichter" und die „lustige Person" diskutieren angeregt, was ein gutes Theaterstück ausmacht. Ein ironischer Unterton schleicht sich ein. Dabei stoßen drei unterschiedliche Meinungen aufeinander, die von der jeweiligen Funktion geprägt sind, die die betreffende Person im Theater erfüllt.

Der **Direktor**, ganz ein Mann der Praxis, eröffnet das Gespräch. Für ihn sichert nur ein volles Haus den Fortbestand der Theatertruppe, folglich ist in seinen Augen ein gutes Theaterstück nur eines, das für ausverkaufte Vorstellungen und damit für eine volle Kasse sorgt. Am liebsten ist ihm ein Stück, bei dem sich das Publikum schon Stunden vor Spielbeginn vor der Kasse drängt, ja geradezu um die Karten rauft. Sein Erfolgsrezept ist einfach: Die Masse macht's. Wer inhaltliche Vielfalt bietet, hat die besten Aussichten, den breit gefächerten Geschmack des Publikums zu treffen, das schließlich das Geld in die Kasse bringt. Neugier, Langeweile und Eitelkeit treiben die Menschen seiner Erfahrung nach ins Theater und dem müsste das Stück Rechnung tragen. Dieser Appell richtet sich an die Adresse des Dichters. Handlungsreich und spannend soll das Stück sein, denn je vielfältiger die Handlung ist, desto mehr Zuschauer können damit zufriedengestellt werden. Selbst vor Stückwerk hat der Direktor keine Scheu. Auf die Verpackung kommt es an. Die „Häppchen" müssen nur anregend gestaltet werden, dann sind alle zufrieden. Die richtige, d. h. starke Würze macht das „Ragout" (V. 100) für das Publikum zum Genuss, deshalb müssen die eingesetzten Effekte stark und eindeutig sein, was man durch bunte Kulissen und den fleißigen Einsatz von Theatermaschinen erreichen kann.

Den **Dichter** lassen solche Vorstellungen erschaudern und er weigert sich, solche Pfuscharbeit zu liefern. Ihn interessieren das Publikum und sein Geschmack überhaupt nicht; ja, der Gedanke daran wirkt eher demotivierend auf ihn. Im Zentrum seines Denkens steht der Stoff, den der Dichter künstlerisch gestalten will, wozu er aber anstelle von Hektik und Zeitdruck Muße braucht, um sich einfühlen zu können. Langsam, Wort für Wort abwägend formt er sein Werk, bis es ein vollendetes Ganzes bildet. Seine dichterische Kraft erschafft dabei – im Einklang mit seinen Empfindungen – die Welt aufs Neue. Die Kraft dazu schöpft er aus den ihm zur Verfügung stehenden poetischen Mitteln: rhythmische (V. 147) Belebung und Überhöhung (V. 148) des monotonen, unharmonischen (V. 144) Alltags, Intensivierung der Empfindungen (V. 150), Hervorhebung von Verdiensten (V. 155), Ehrung der Götter (V. 156).

Die **Lustige Person** steht solchen Vorstellungen vom ganzheitlichen Kunstwerk eher skeptisch gegenüber. Nicht für ewigen Ruhm und die Nachwelt, sondern für die Mitwelt soll der Dichter seiner Meinung nach schreiben. Die Zuschauer haben ein Recht darauf, Spaß zu haben. Vernunft, Verstand, Empfindungen und Leidenschaften sollen das Stück mit ausmachen. Aber die Narrheit dürfe auf keinen Fall fehlen. Das volle Menschenleben ist für die Lustige Person der Stoff, aus dem man gute Theaterstücke macht. Um ein möglichst breites Publikum damit anzusprechen, rät sie dem Dichter, seine Inspiration aus dem Alltäglichen, dem Menschlichen zu ziehen.

Der Direktor beendet die Diskussion schließlich (V. 214 ff.) und will praktische Ergebnisse sehen. Sein abschließender Rat an den „Dichter" und „die Lustige Person" ist quasi das Programm für das nun beginnende Schauspiel: „So schreitet in dem engen Bretterhaus / Den ganzen Kreis der Schöpfung aus, / Und wandelt mit bedächt'ger Schnelle / Vom Himmel durch die Welt zur Hölle." (V. 239–242)

Prolog im Himmel (V. 243–353)

Der Prolog führt direkt in die eigentliche Spielhandlung ein und beginnt gemäß dem vom Theaterdirektor verkündeten Programm im Himmel, wo der **Herr mit seinen himmlischen Heerscharen** Hof hält. Die drei Erzengel Raphael, Gabriel und Michael eröffnen die Szene mit ihrem Loblied auf die Großartigkeit der göttlichen Schöpfung im Allgemeinen. So werden der Reihe nach Sonne und Universum, die Erde und die dort waltenden Naturgewalten sowie schließlich die Unergründbarkeit des Schöpfers besungen.

Doch als Mephistopheles die Bühne betritt, sorgt er mit seinen Worten für einen spöttischen, kritischen Ton, der die von den Erzengeln gepriesene Harmonie empfindlich stört. Auch in die ersten Worte des Herrn mischt sich Ungeduld. Zwischen ihm und Mephistopheles entwickelt sich ein Dialog, ja fast ein Disput über den Menschen an sich, geführt am konkreten Beispiel des Faust, wobei sich zwei unterschiedliche Standpunkte herauskristallisieren. Mephistopheles hält den „kleinen Gott der Welt" (V. 281) keinesfalls für die Krone der göttlichen Schöpfung, sondern eher für einen Fehlgriff. Den Menschen mit Vernunft ausgestattet zu haben, ist in seinen Augen der größte Irrtum, da sie den Menschen mit seinem unersättlichen Wissensdrang zu unangemessener Selbstüberschätzung verleitet. Für den Herrn ist dieser unstillbare Wissens- und Erkenntnishunger und die damit einhergehende Möglichkeit zu irren ein Grundcharakteristikum des Menschen: „Es irrt der Mensch so lang er strebt" (V. 317). Diese selbstgewisse Gelassenheit des Herrn reizt Mephistopheles, ihm eine **Wette** vorzuschlagen, deren Einsatz

Fausts Seelenheil sein soll. Das letzte Wort im Prolog hat Mephistopheles, der, nun allein auf der Bühne, wie der Diener in der Komödientradition sogleich den Überlegenen spielt, indem er von seinem Herrn ganz jovial als „dem Alten" (V. 350) spricht.

Nacht (V. 354–807)

Jetzt erst beginnt die eigentliche Handlung, beginnt der „Tragödie erster Teil". Im Wesentlichen besteht die Szene aus einem großen Monolog Fausts, der durch eine nächtliche Unterhaltung mit seinem Famulus Wagner (V. 522–601) unterbrochen und damit in zwei etwa gleich große Hälften geteilt wird (V. 354–521 und V. 602–736). Wir sind inzwischen auf der Erde, im Studierzimmer Fausts, des Mannes also, von dem im Streitgespräch zwischen dem Herrn und Mephisto bereits die Rede war. Der alte Gelehrte „sitzt unruhig auf dem Sessel an seinem Pult" (Regieanweisung), ist mit sich und seinem Leben unzufrieden.

Den ersten Teil der Szene bildet ein großer **Faustmonolog**. Wir erfahren darin etwas über Fausts wissenschaftlichen Werdegang, seine jahrelange und aus seiner Sicht vergebliche Beschäftigung mit Philosophie, Rechtswissenschaft, Medizin und Theologie (vgl. V. 354 ff.). Er fühlt sich aber dadurch seinem Ziel, „[zu erkennen,] was die Welt im Innersten zusammenhält" (V. 382 f.), kein Stück näher. Obwohl er schon seit einiger Zeit sogar bei der Magie Antworten sucht, fühlt er immer stärker die Beschränktheit menschlicher Erkenntnisfähigkeit. Sein Arbeitszimmer wird ihm zum Kerker, zur Grabesgruft. Faust spielt mit dem Gedanken, aus seinem Studierzimmer „hinaus ins weite Land" (V. 418), in die Natur, zu fliehen. Doch statt dem Impuls zu folgen, kommt er einfach nicht von seinem Pult los; sein Blick bleibt an einem Buch von Nostradamus hängen. Als er es aufschlägt, ist er beim Anblick des Zeichens des Makrokosmos sofort wie von einer magischen Kraft gebannt. Diese Empfindung steigert sich fast ekstatisch bis zu einem Hochgefühl eigener Göttlichkeit. Doch jäh schlägt die Euphorie in Enttäuschung und existenzielle Verzweiflung um, denn Faust spürt, dass ihm trotz allen Strebens der Zugang zum Wesen der „unendlichen Natur“ (V. 455) verschlossen bleiben wird. Verstimmt blättert er um und erblickt das Zeichen des Erdgeistes. Erneut scheint ihn die von dem Zeichen ausgehende Magie zu erfassen und erzeugt einen weiteren emotionalen Höhenflug. Faust wagt die **Beschwörung des Erdgeistes**, ist diesmal zwar erfolgreich, erträgt aber dessen Ausstrahlung nicht, weshalb er von diesem als „furchtsam weggekrümmter Wurm“ (V. 498) verspottet wird. Bevor er verschwindet, weist der Geist überlegen Fausts euphorische, aber doch überhebliche Gleichstellung mit ihm zurück: „Du gleichst dem Geist den du begreifst, / Nicht mir!“ (V. 512 f.)

Faust (Bruno Ganz) beschwört den Erdgeist (Inszenierung von Peter Stein zur Expo in Hannover 2006)

Erneut sieht sich Faust in tiefste Verzweiflung gestürzt, aus der ihn – zumindest vorübergehend – sein **Famulus Wagner** erlöst, denn der geschwätzige, übereifrige Wagner verwickelt seinen Lehrer schnell in ein **Gespräch**. Das Missverständnis gleich zu Anfang weist beider Konversation als komische Einlage aus:

Wagner deutet Fausts Ausrufe tiefster Verzweiflung als die Deklamation eines „griechischen Trauerspiels“ (V. 523). Um zwei Themen kreist das Gespräch: die Rhetorik und das Studium der (historischen) Quellen. Die Rhetorik steht in Wagners Denken hoch im Kurs. Immerhin hält er sie für ein unabdingbares Instrument der Wissenschaft bei Bewältigung ihrer wichtigsten Aufgabe: die Welt zu leiten, ihr, d. h. den Menschen, den rechten Weg zu zeigen. Faust kann sich über so viel engstirnige Wissenschaftsgläubigkeit nur lustig machen. Für ihn ist das Gefühl (das Herz) der einzige sichere Weg zur Erkenntnis: „Wenn ihr's nicht fühlt, ihr werdet's nicht erjagen“(V. 534).

Schließlich bricht er von sich aus das Gespräch ab und schickt Wagner weg. Wieder allein, denkt er natürlich sofort erneut an die beiden magischen Erlebnisse und versucht sie zu verarbeiten, wobei ihn besonders die Zurückweisung durch den Erdgeist beschäftigt. Warum konnte er ihn rufen aber nicht halten bzw. aushalten? Sein Grübeln bringt ihn schließlich zu der Einsicht, dass es an den Bedingungen menschlicher Existenz liegen müsse. Der menschliche Geist ist bei seiner Tätigkeit immer an „fremden Stoff“ (V. 635) gebunden, an Materie, d. h. an den Körper, gefesselt. So scheint es für ihn nur einen Weg „zu neuen Ufern“ (V. 701), zu „neuen Sphären reiner [geistiger] Tätigkeit“ (V. 705) zu geben. Nicht zufällig fällt sein Blick auf „jenes Fläschchen“ (V. 687), jene „einzige Phiole“ (V. 690), die den **Todestrunk** enthält, mit dem er seinen Geist von seinem Köper befreien will, indem er sich „vermesse […] die Pforten aufzureißen, / Vor denen jeder gern vorüberschleicht“ (V. 710 f.).

Faust hat die Schale schon an den Mund geführt, als österlicher Glockenklang und der Chorgesang der Engel ertönt. Insgesamt sind es drei Chöre, die wechselweise und im Dialog mit Faust erklingen; es überlagern sich der „Chor der Engel“, der „Chor der Weiber“ und der „Chor der Jünger“. Faust erliegt für dieses Mal dem Zauber der Kindheitserinnerung, die ihn vom Selbstmord abhält. Für den Moment scheint er gerettet und beruhigt.

Vor dem Tor (V. 808–1177)
Handlungsort ist die **freie Natur** draußen vor der Stadt. Die Szene gliedert sich in zwei Teile. Der erste zeigt ein reges Treiben und bietet zugleich einen repräsentativen Querschnitt der städtischen Einwohnerschaft: Handwerksburschen, junge Mädchen, Schüler und Bürger, Bauern und Soldaten genießen den Feiertag. Faust und Wagner hingegen treten nicht sofort in Erscheinung. Die Gespräche der jungen Leute drehen sich um das Interesse am jeweils anderen Geschlecht, um Tanzvergnügen, Gelegenheiten für ein unauffälliges Rendezvous oder eine deftige Rauferei. Die bereits etwas gesetzteren Bürger reden derweil auf Stammtischniveau über Politik. Auch erste Vorausdeutungen auf die Gretchen-Tragödie finden sich. So bietet eine stadtbekannte Kupplerin jungen Bürgerstöchtern ihre Dienste an: „Und was ihr wünscht das wüsst ich wohl zu schaffen“ (V. 875), während das Tanzlied der Bauern von einem verführten Mädchen erzählt (V. 949–980).

In diesen ersten Teil der Szene gehört auch **Fausts Hymnus auf die Natur** (V. 903–940). Sein Reden von Befreiung, von wiedererwecktem Leben, ja Auferstehung gerät vor dem Hintergrund des vorangegangenen nächtlichen Erlebnisses zu einer Art Selbstdeutung. Ein alter Bauer begrüßt Faust persönlich und preist seine Fähigkeiten als Arzt – ein Lob, das Faust eher peinlich ist, weiß er doch um die Beschränktheit, ja den Dilettantismus solcher Bemühungen, um die Zufälligkeit von Erfolg und Misserfolg.

Hier beginnt der zweite Teil der Szene, der abseits aller Umtriebigkeit in einem langen Dialog zwischen Faust und Wagner die Begegnung Fausts mit Mephistopheles vorbereitet. Für Wagner ist Fausts Reden über die Zufälligkeit menschlichen Wissens und menschlicher Erkenntnisse das Stichwort, um ihn in ein Gespräch über Fortschritte in der Wissenschaft zu verwickeln. Schnell trübt sich Fausts Hochstimmung. Die schwelende Unzufriedenheit mit seiner augenblicklichen Situation bricht wieder durch: „Was man nicht weiß“ – z. B. Kenntnisse und Beherrschung der Magie – „das eben brauchte man“ (V. 1066); „Und was man weiß“ – all das in Studien angehäufte Gelehrtenwissen – „kann man nicht brauchen“ (V. 1067). Faust spürt in seiner Brust zwei Seelen wohnen (V. 1112–1117), deren eine hinunter in die Niederungen der Welt und der sinnlichen Genüsse strebt, wohingegen deren andere ihn hinauf in die Sphäre der Magie, der Geister mit ihren übersinnlichen Genüssen zieht. Da er sich von dieser Sphäre Erlösung verspricht, ruft er die Geister an: „O gibt es Geister in der Luft, [...] / So steiget nieder aus dem goldnen Duft / Und führt mich weg, zu neuem buntem Leben! / Ja, wäre nur ein Zaubermantel mein! / Und trüg er mich in fremde Länder“ (V. 1118–1123). Dieser heftige Ausruf ist das Stichwort für **Mephistopheles**, der plötzlich – noch in der Gestalt eines **schwarzen Pudels** – den Schauplatz betritt. Wagner beachtet ihn nicht weiter, für ihn handelt es sich um einen ganz normalen, streunenden Hund. Faust jedoch erkennt sofort die magische Aura, die das Tier umgibt und wird misstrauisch. Zu dritt gehen sie ins Stadttor.

Studierzimmer (V. 1178 – 2072)

Die hier zugrunde gelegte Textausgabe (Reclam) unterteilt – z. B. abweichend von der Hamburger Ausgabe – in Studierzimmer I und II. Die auffallend lange Szene lässt sich jedoch auch anhand von Regieanweisungen in folgende sinnvolle Abschnitte gliedern:

- Fausts Rückkehr mit dem Pudel in sein Studierzimmer und Enttarnung des Pudels
- Dialog Faust – Mephistopheles
- Mephistopheles’ Gefangenschaft und Flucht
- Zweiter Besuch Mephistopheles’: die Wette
- Mephistopheles’ Gespräch mit dem Schüler
- Die Abreise in die Welt

Zurück in seinem Zimmer wirkt bei Faust die freundliche Stimmung des Osterspazierganges noch nach – die „wilden Triebe" schlafen (V. 1182). Die friedliche Abendstimmung genießend, will Faust eine Übersetzung des Johannesevangeliums wagen. Doch schon das Wort „logos" bereitet Schwierigkeiten und bringt die Sache ins Stocken. Zweifel und Unzufriedenheit schleichen sich langsam wieder ein. Wechselseitig verstärkt wird die wachsende Missstimmung durch die sich mit jedem Übersetzungsversuch steigernde Unruhe des Pudels. Schließlich wendet sich Faust ganz dem Tier zu und versucht sein Geheimnis zu lüften, denn bereits beim Osterspaziergang hatte er die Vermutung, dass den Hund ein magisches Geheimnis umgibt. Nachdem einige Beschwörungsformeln erfolglos bleiben, treibt erst das Kreuzzeichen, dem sich alle beugen (V. 1301), Mephistopheles aus seiner Tiergestalt. Gekleidet wie ein fahrender Scholastikus tritt er aus einer Rauchschwade hervor.

Sofort stellt er sich in einer Art Selbstcharakterisierung Faust vor, doch geht das Gespräch bald in eine Grundsatzdiskussion über Gut und Böse (V. 1335 f.), Entstehen und Zugrundegehen (V. 1340), Teil und Ganzes (V. 1348 f.) sowie Licht und Finsternis (V. 1351) über. Faust und der Teufel reden über den Sinn der Welt und des menschlichen Lebens.

Faust merkt bald, dass er – wenn auch unbeabsichtigt – den Teufel gefangen hat. Ein Pentagramm hindert Mephisto daran, den Raum zu verlassen, woraufhin Faust der Gedanke an einen Handel, ein Bündnis mit den Mächten der Finsternis, kommt. Mephistopheles scheint nicht abgeneigt. Um sich jedoch zunächst aus der Falle zu befreien, lässt er seine hilfreichen Geister Faust in einen rauschhaften Zustand versenken. Während er in einem „Meer des Wahns"(V. 1511) versinkt, nagen Ratten und Mäuse eine Ecke des Pentagrammes weg, sodass seine bannende Wirkung verloren geht.

Kaum aus dem Traum erwacht, erhält Faust erneut Besuch von Mephistopheles. Die anfänglich ruhige und ausgeglichene

Stimmung Fausts ist schnell in eine tiefe Depression umgeschlagen. Er lamentiert wieder über das enge Erdenleben. Durch Mephistopheles' boshafte Sticheleien lässt er sich zu einer Litanei von Flüchen provozieren, in der er sämtlichen Werten der christlich-abendländischen Kultur abschwört.

Dadurch ist er für Mephistopheles' Pläne bereit. Der schlägt ihm einen **Pakt** vor, der Faust die Erfüllung all seiner Wünsche verspricht – für den Preis seines Seelenheils. Faust verwandelt den Vorschlag in die **Wette** (vgl. V. 1698 ff.), dass dem Teufel gerade dies nicht gelingen werde: „Werd ich zum Augenblicke sagen: Verweile doch! du bist so schön!" (V. 1699 f.), erst dann soll er dem Teufel verfallen sein. Nachdem der Pakt mit ein paar Blutstropfen Fausts besiegelt worden ist, macht sich Faust reisefertig, während Mephistopheles als Faust verkleidet einen Schüler empfängt, der gerade vorspricht und den zu empfangen sich Faust nach dem Vorgefallenen nicht mehr in der Lage sieht.

Der **Schüler** tritt dem vermeintlichen Gelehrten ehrfürchtig und vertrauensvoll gegenüber, um sich über sein künftiges Studium beraten zu lassen (vgl. V. 1868–2049). Die von Mephistopheles durchgeführte **Studienberatung** gerät zur satirischen Farce, in der eine zynische und unerbittliche Wissenschaftskritik vorgetragen wird. Sie geißelt vor allem eine autoritätsgläubige Geisteshaltung und den formalistischen Umgang mit Wissen und Erkenntnis, ein Verhalten, das z. B. Wagner an den Tag legt. Hier beweist sich Mephistopheles als der Schalk, als den ihn der Herr im Prolog bezeichnet hat (V. 339). Bei all seinen Ratschlägen stellt er die Wissenschaft als eine trockene, lebensfremde graue Theorie dar, wohingegen das Leben das einzig Erstrebenswerte sei. Solche Äußerungen hört der Schüler gerne.

Inzwischen ist Faust bereit zum Aufbruch und begibt sich mit seinem neuen Weggefährten auf die Reise „grad mit in die Welt hinein" (V. 1829).

Auerbachs Keller in Leipzig (V. 2073–2336)

Die Szene bildet die erste Station von Fausts Reise in die Welt der Sinnenfreuden, die Mephisto ihm versprochen hat. Sie ist – vergleichbar der Szene „Vor dem Tor" – als lebendige Gruppenszene mit Gesangseinlagen aufgebaut. Was Mephistopheles „in lustige Gesellschaft bringen" (V. 2159) nennt, scheint Faust aber überhaupt nicht zu gefallen, denn er hüllt sich weitgehend in Schweigen. Nach kurzer Begrüßung – „Seid uns gegrüßt, ihr Herrn!" (V. 2183) – möchte er am liebsten wieder gehen. Die Studenten sind weder als Personen lustig oder gut gelaunt, noch sind es ihre Lieder und Späße – sie entpuppen sich als ein Haufen angeberischer Saufkumpane, die in Auerbachs Keller ihre Zeit totschlagen. Als Mephistopheles sie mit seinen Kunststückchen an der Nase herumführt, werden sie bedrohlich aggressiv, sodass Faust und Mephistopheles schleunigst das Weite suchen. Faust war von der ganzen Vorstellung ohnehin eher angewidert und gelangweilt als beeindruckt.

Ein Wandgemälde im Gasthaus „Auerbachs Hof" in Leipzig, das Fausts Ritt auf dem Weinfass darstellt. Goethe sah dieses Gemälde in seiner Leipziger Studentenzeit.

Hexenküche (V. 2337–2604)

Die Szene ist – neben den noch folgenden Walpurgisnacht-Szenen – die einzige, die in der **Welt Mephistopheles'** spielt. Sie zeigt ihn in seinem wahren Element, als Herrscher der Finsternis, als Herrn von Hexen und sprechendem Getier. Mephistopheles'

Reich bildet eine Gegenwelt zu Fausts Welt, denn hier sind die Vorzeichen vertauscht, hier ist gut, was dort böse genannt wird. Diese Verkehrung zeigt sich bereits beim Vergleich mit der vorangehenden Szene: Haben sich in „Auerbachs Keller" die Menschen wie Tiere benommen, so verhalten sich hier die Tiere wie Menschen. In beiden Szenen jedoch bleibt Faust auffallend zurückhaltend und sagt nur wenig, während Mephistopheles und sein dämonisches Gefolge die Handlung beherrschen. Bedeutung erhält die Szene durch die in ihr enthaltenen Vorausdeutungen auf den weiteren Handlungsverlauf: Sie bereitet durch Fausts Verjüngung die Gretchenhandlung vor und gibt Hinweise auf eine Fortsetzung dieser verkehrten Welt in der Walpurgisnacht. Schließlich kündigt Mephistopheles der Hexe ein Wiedersehen „auf Walpurgis" (V. 2590) an.

Der Aufbau der Szene ist mehrschichtig und geradezu doppelbödig. Die Handlung zerfällt in zwei etwa gleichgroße Teile. Im ersten sind nur Faust, Mephistopheles und die Hausgenossen der Hexe anwesend, sie selbst aber noch nicht (V. 2337–2464). Der zweite Teil beginnt mit dem Auftritt der Hexe (V. 2465). In der ersten Hälfte verteilt sich das Geschehen auf zwei Ebenen. Auf der einen betrachtet Faust fasziniert einen Spiegel, in dem „das schönste Bild von einem Weibe" (V. 2436) zu sehen ist. Auf der anderen Ebene wird dem Betrachter ein allegorisches Spiel vorgeführt, das die Ereignisse der Französischen Revolution satirisch kommentiert. Mephistopheles agiert darin als der König, der die Zeichen der Zeit – sprich der Revolution – nicht versteht bzw. nicht erkennt: die tönerne Glückskugel, die steigt und fällt, inwendig hohl und sehr zerbrechlich ist, was auf seinen Tod vorausdeutet (V. 2402–2415), den Kessel mit Bettelsuppen, der überkocht (V. 2425 und Regieanweisung vor 2465), die zerbrochene Krone (V. 2452).

Zeichnung Goethes zur Hexenküche

Die beiden Handlungsstränge werden alternierend verfolgt und einzig Mephistopheles agiert auf beiden Ebenen – für Faust als Reisebegleiter, in der Allegorie als verblendeter König. Mit dem Auftauchen der Hexe durch den Schornstein beginnt die zweite Hälfte der Szene. Erneut wechselt Mephistopheles die Rolle und gibt jetzt den Hexenmeister, den Hausherrn, dem sich alle unterordnen. Während **Faust** durch einen Zaubertrank der Hexe **verjüngt** wird, erhält er ein **Idealbild weiblicher Schönheit eingeimpft**, das ihn wie eine Art Prägung „bald Helenen in jedem Weibe" sehen lässt (V. 2604). Nun kann die Reise in die Welt weitergehen.

Straße (V. 2605–2677)

In solcher Verfassung begegnet Faust in dieser kurzen Szene **Margarete** zum ersten Mal. Er spricht das ihm völlig unbekannte Mädchen sofort auf offener Straße an und will es nach Hause begleiten – für die damalige Zeit eine unschickliche Verhaltensweise. Margarete, die Faust ja genauso wenig kennt und sich bedrängt fühlt, erteilt ihm eine deutliche Absage und geht. Faust bleibt fasziniert von der Begegnung mit dem Mädchen zurück, ja gerät geradezu ins Schwärmen. In einem poetisch anmutenden Monolog reflektiert er diese für ihn völlig neue Erfahrung, spricht **wie ein frisch Verliebter**, doch ändert sich das nahezu abrupt mit dem Auftreten Mephistopheles'. Der Ton, in dem er zu diesem von Gretchen spricht, wird rüde und frivol. Außerdem scheint er sich daran zu erinnern, dass zwischen ihm und Mephistopheles ein Vertrag besteht, der diesen zu allen Diensten verpflichtet. „Hör, du musst mir die Dirne schaffen!" (V. 2618) lautet der kurze Befehl. Moralische Bedenken scheint er keine zu haben und selbst rechtliche Fragen (minderjährig oder nicht) kümmern ihn nicht: „Lass' Er mich mit dem Gesetz in Frieden!" (V. 2634) Mephistopheles verspricht ihm, eine zweite Gelegenheit für eine erfolgreichere Begegnung mit Margarete zu verschaffen, und auch ein Geschenk für die Bürgerstochter will er besorgen.

Abend. Ein kleines reinliches Zimmer (V. 2678–2804)

Die Szene entfaltet sich in drei Schritten. Sie wird eröffnet von **Margarete**, die allein in ihrer Kammer sitzt, ihre Zöpfe flicht und aufbindet. Dabei geht dem Mädchen die Begegnung mit Faust durch den Kopf. Anscheinend hat das Zusammentreffen mit dem unbekannten, offenbar vornehmen Herrn mehr Eindruck auf Margarete gemacht, als man nach ihrer Reaktion hätte vermuten können.

Nach dem Abgang Margaretes betreten **Faust** und **Mephistopheles** den Raum (vgl. V. 2683). Seinen Begleiter schickt Faust sofort weg, um sich ganz allein und ungestört den Eindrücken des Zimmers und seinen Fantasien hingeben zu können. Faust stellt sich das Mädchen in verschiedenen alltäglichen Situationen vor und erhebt sie dabei zu einem fast göttergleichen Wesen. Als er schließlich noch den Bettvorhang zur Seite schiebt, keimen erste erotische Vorstellungen in ihm auf. Doch sofort, gewissermaßen von sich selbst dabei ertappt und von seinem voyeuristischen Verhalten beschämt, schreckt er davor zurück. Mephistopheles' Auftritt unterbricht Fausts Gedankengänge. Jener hat inzwischen ein **Kästchen mit Schmuck** beschafft, das sie in der Kammer zurücklassen. Der Schmuck soll das Mädchen beeindrucken und dadurch zugänglicher für Fausts Wünsche machen.

Zum **Abschluss** der Szene tritt **Margarete** noch einmal auf. Sofort spürt sie, dass etwas vorgefallen ist. Ihr kommt eine Liebesballade, das **Lied vom König von Thule** in den Sinn, das sie beim Entkleiden vor sich hin singt. In dem Lied ist von Liebe und Treue – außerhalb ehelicher Bindung – die Rede, es beschwört Gefühle, die über den Tod hinausreichen. Damit ist der Maßstab gegeben für eine vergleichende Bewertung von Fausts Verhalten am Ende der Gretchenhandlung (seine Flucht mit Mephistopheles) und Gretchens Verhalten (Annahme von Schuld und Strafe). Beim Einräumen der Kleider entdeckt sie verwundert das Schmuckkästchen und kann nicht widerstehen, Stücke daraus anzulegen. Dabei wird sie sich ihrer Armut bewusst und vielleicht regt sich eine erste Unzufriedenheit mit ihrer Situation.

Mephisto (Gustav Gründgens) überreicht Faust (Will Quadflieg) das Schmuckkästchen (Szenenfoto aus der *Faust*-Verfilmung von 1960).

Spaziergang (V. 2805–2864)

Bei einem Spaziergang unterhalten sich Faust und Mephisto darüber, was Margarete inzwischen mit dem Schmuckkästchen gemacht hat. Sie hat den Fund sogleich ihrer Mutter gezeigt, die daraufhin den Pfarrer kommen ließ und ihn um Rat gefragt hat. So sei die Liebesgabe im unersättlichen Magen der Kirche gelandet (vgl. V. 2836). Darüber kann sich der Teufel gar nicht mehr beruhigen und alle Flüche, die er kennt, scheinen ihm nicht teuflisch genug, um seinen Zorn zu besänftigen. Doch Faust bleibt völlig unbeeindruckt und verlangt von seinem „Diener" nur, für Ersatz zu sorgen und es diesmal geschickter anzustellen.

Der Nachbarin Haus (V. 2865–3024)

In einem kurzen Monolog beklagt **Frau Marthe**, Margaretes Nachbarin, ihre derzeitige Lage: Sie ist von ihrem Mann verlassen worden, Strohwitwe (V. 2868), weiß nicht, ob er tot ist oder noch lebt und kann sich somit schicklicherweise auch keinen neuen Mann suchen.

Als Margarete ein **weiteres Schmuckkästchen** findet, wendet sie sich ratsuchend an die Nachbarin. Beide Frauen bewundern den Inhalt des Kästchens, das diesmal vor Magaretes Mutter verborgen bleiben soll. Sie könne den Schmuck ja bei ihr, der Nachbarin, tragen und ihn dann nach und nach die Leute sehen lassen (V. 2890).

In dieser Situation tritt Mephistopheles auf, der eine Begegnung zwischen Faust und Margarete arrangieren will. Er schmeichelt sich bei beiden Frauen ein, indem er ihnen wechselweise seine Aufmerksamkeit zuwendet. Margarete macht er dabei hauptsächlich Komplimente über ihr Aussehen und spielt auf mögliche Liebschaften an. Gegenüber Frau Marthe behauptet er, dass er Nachrichten von ihrem Mann habe und liefert einen – frei erfundenen – Bericht vom Leben und Sterben des Herrn Schwerdtlein in der Fremde. Sogar bei dessen Dahinscheiden war er angeblich dabei und wäre damit für Frau Marthe ein wichtiger Zeuge, wenn sie ihren Mann für tot erklären lassen will. Von Mephistopheles erhofft sie sich nun etwas Schriftliches dazu, vielleicht auch Geld oder Schmuck. Der macht sich allerdings einen Spaß daraus, mit den Hoffnungen und Gefühlen der Frau zu spielen. Schließlich verspricht er ihr, einen zweiten Zeugen für den amtlichen Totenschein zu besorgen, den er ihr noch am selben Abend vorstellen wolle. Es wird vereinbart, dass bei dieser Gelegenheit auch Margarete zugegen sein soll.

Straße (V. 3025–3072)

Auf der Straße trifft Mephistopheles den wartenden Faust und erklärt ihm seinen Plan. Allerdings muss er erst noch Überzeugungsarbeit leisten und Faust zu dem notwendigen Meineid überreden. Da Faust plötzlich Skrupel zeigt, ein falsches Zeugnis abzulegen, hält ihm Mephistopheles vor, dass seine gesamte Lehrtätigkeit als Wissenschaftler nichts anderes gewesen sei. Schließlich habe er, wenn er „von Gott, der Welt und was sich drin bewegt“ (V. 3043) sprach und darüber Behauptungen aufstellte, in Wirklichkeit darüber auch nichts Genaueres gewusst als von Herrn Schwerdtleins Tod. Mephisto geht sogar noch weiter und prophezeit Faust, dass er in Kürze falsches Zeugnis ablegen werde, wenn er, um „das arme Gretchen [... zu] betören“ (V. 3053) Liebesschwüre und -beteuerungen äußern werde. Die von Mephisto für den Abend in Aussicht gestellte Begegnung mit Margarete und seine Hoffnungen lassen schließlich Fausts Skrupel schwinden und er willigt in den Meineid ein.

Garten (V. 3073–3204)

Die Szene zeigt **zwei parallel ablaufende Vorgänge**, wobei der Blick des Lesers bzw. Zuschauers abwechselnd auf **Margarete und Faust** und dann wieder auf **Mephistopheles und Marthe** gerichtet wird. Beide Paare gehen Arm in Arm in Frau Marthes

Garten spazieren. Margarete will dabei im Gespräch herausfinden, wie ernsthaft Fausts Absichten sind. Der Zuschauer erfährt in dieser Szene viel über das Mädchen. Sie betont immer wieder ihre Jugend, ihre Unerfahrenheit und ihre unbedeutende gesellschaftliche Stellung, erzählt aber auch von zu Hause, von der strengen Mutter und von den Geschwistern. Im Mittelpunkt ihrer Darstellung steht dabei ihr Bemühen um das Schwesterchen. An ihm hat sie, da die Mutter nach der Entbindung sehr geschwächt war, Mutterstelle vertreten, den Säugling aufgezogen und damit vorerst vor dem Tod bewahrt. Doch war ihr Einsatz vergeblich. Dieser Bericht schildert Gretchens mütterlich-liebevolles Verhalten, zu dem das, was sie ihrem eigenen Kind antun wird, um so unverständlicher wirkt und die Tiefe des Konfliktes zeigt, in den sie durch Faust geraten ist.

Faust widerspricht ihrer Bescheidenheitsbekundung und Selbstherabsetzung und unternimmt gleichzeitig **erste Annäherungsversuche**. Innerlich aufgewühlt befragt Margarete das „Blumenorakel“, dessen positiver Spruch lautet: „Er liebt mich!“ (V. 3183). Faust ist davon tief bewegt und bestätigt diesen „Götter-Ausspruch“ mit dem Geständnis: „Er liebt Dich!“ (V. 3185).

Frau Marthe ist währenddessen beim Spaziergang mit Mephistopheles damit beschäftigt, diesen zum Bleiben zu bewegen und ihm die Bequemlichkeit einer festen Bindung schmackhaft zu machen. Der weicht allen Fragen, ob er noch ungebunden sei, geschickt aus, indem er so tut, als verstehe er nicht.

Ein Gartenhäuschen (V. 3205–3216)

Gretchen war nach den letzten Worten Fausts weggelaufen und hat sich im Gartenhäuschen versteckt, versichert sich aber mit einem Blick durch eine Ritze, ob er ihr auch folgt. Die ganze Szene, übrigens die einzige Liebesszene des ganzen Dramas, ist sehr kurz und hat nur einen wichtigen Inhalt: Geschützt vor den Blicken des anderen Paares und der Öffentlichkeit kommt es zum Austausch der ersten Küsse zwischen dem Liebespaar, das sich mittlerweile auch duzt. Der Moment des Glückes ist allerdings nur von kurzer Dauer, denn schon bald stehen Frau Marthe und Mephistopheles vor der Tür und drängen zum Aufbruch. Den Abschluss bildet ein kurzer Monolog Margaretes, in dem deutlich wird, dass sie nicht durchschaut, ja nicht einmal ahnt, dass sie nur eine Spielfigur in Mephistopheles' Plan ist.

Wald und Höhle (V. 3217–3373)

Diese und die folgende Szene behandeln gleichzeitig verlaufende Geschehnisse. Sie zeigen, wie die beiden Liebenden jeweils ihre Erlebnisse beim ersten Rendezvous verarbeiten. Faust ist dazu hinaus vor die Stadt in die freie Natur gegangen, während Margarete zu Hause in ihrer Stube am Spinnrad sitzt.

Die Szene „Wald und Höhle“ wird mit einem Monolog Fausts eröffnet. Den größeren zweiten Teil der Szene bildet dann ein Dialog mit Mephistopheles. Fausts Monolog richtet sich an den Erdgeist, dem er für die tiefen Einblicke in die Natur und in sein eigenes Inneres dankt. Er klagt darüber, dass seine **innere Ruhe** durch „den Gefährten“ **zerstört** worden sei (vgl. V. 3243 ff.), der ihn in einen Taumel von Genuss und Begierde gestürzt habe. Noch scheint Faust bereit, auf sein Verlangen zu verzichten und Gretchen nicht mehr wiedersehen zu wollen. Doch Mephistopheles' Auftritt unterbricht den Monolog, er drängt darauf, Neues zu erleben und die Sache weiterzutreiben. Dabei macht er sich über Fausts Wunsch nach Ruhe, innerer Einkehr und Entsagung draußen in der freien Natur lustig und stachelt **Fausts Begehren** erneut an, ohne sich um dessen Beschimpfungen und Zurückweisungen zu kümmern. Schließlich hat er Faust so weit gebracht, dass der alle Skrupel und Bedenken zur Seite schiebt und seinem Verlangen nachgeben will: „Was muss geschehn, mag's gleich geschehn! / Mag ihr Geschick auf mich zusammenstürzen / Und sie mit mir zugrunde gehn“ (V. 3363 ff.).

Gretchens Stube (V. 3374–3413)

Der Handlungsort wechselt zu Gretchens Stube. **Gretchen** sitzt **am Spinnrad** und singt ein **Lied**, das ihre innere Verfassung offenbart. Sie spricht davon, dass sie ihre innere Ruhe, d. h. ihre seelische Unschuld, die noch nichts von Liebesfreud und Liebesleid wusste, durch die Begegnung mit Faust verloren hat. Ihre ganze Sehnsucht, ihr Sinnen und Trachten sind auf Faust und auf ein Wiedersehen mit ihm gerichtet. Alles an ihm – seine Gestalt, sein Lächeln, seine Stimme (V. 3395 ff.), seine Berührungen und seine Zärtlichkeiten – erscheint ihr liebenswert. Margarete sehnt sich nach Faust bis zur Selbstaufgabe (V. 3412 f.).

Marthens Garten (V. 3414–3543)

Die folgende Szene führt noch einmal in den Garten von Frau Marthe, wo Faust und Margarete sich zu einem **heimlichen Rendezvous** verabredet haben. Mit dieser Szene beginnt für Margarete der Weg in die Katastrophe, da, wie sich bald zeigen wird, die von beiden gewünschte Vereinigung nicht möglich ist, ohne dass sie Schuld auf sich laden. Die Szenenhandlung entfaltet sich in vier Schritten, nämlich:

- dem sogenannten Religionsgespräch,
- dem Dialog über Margaretes Antipathie gegen Mephistopheles,
- der Verabredung und Vorbereitung einer gemeinsamen Liebesnacht in Margaretes Kammer,
- dem abschließenden Dialog zwischen Faust und Mephisto.

Die Gretchenfrage: „Nun sag, wie hast du's mit der Religion?" (V. 3415) mündet ins **Religionsgespräch**, in dessen Verlauf Margarete erneut versucht, Fausts Ernsthaftigkeit zu ergründen, denn sie wird sich der Sündhaftigkeit ihres Tuns und ihrer Wünsche immer deutlicher bewusst. Inzwischen ist sie bereit, Fausts Wunsch nach einer gemeinsamen Liebesnacht zu erfüllen. Doch dazu braucht sie die Gewissheit, dass sie und Faust auch in

Glaubensdingen „Gleichgesinnte“ sind. Faust gibt bezüglich seiner Religiosität wortreiche, aber ausweichende Antworten. Er will Margarete nicht direkt anlügen, aber genauso wenig will er zugeben, dass ihm der Glaube fehlt (vgl. V. 765). So weicht er dem Nein aus, indem er mit Gegenfragen antwortet („Muss man [glauben]?“, V. 3422), sich tolerant gibt (V. 3424) und die Frage problematisiert (V. 3427 ff.). Schließlich reagiert er mit einer ganzen Litanei von Gegenfragen (V. 3432–50) und erhebt den Glauben zu einer Sache des Gefühls (V. 3452).

Trotz Fausts Beredsamkeit steht für Margarete am Ende des Gesprächs fest: „du hast kein Christentum.“ (V. 3468) Das führt sie folgerichtig zum nächsten Thema, zur vermeintlichen Ursache für diesen Unglauben. Instinktiv erkennt sie Mephistos Bedeutung in diesem Zusammenhang und spürt das Böse, das von ihm ausgeht. In seiner Nähe, meint sie, ersticke sogar ihre Liebe zu Faust (V. 3497). Darum beschwört sie ihn, sich von diesem undurchsichtigen Reisebegleiter zu trennen. Im Gegensatz zum vorangegangenen Religionsgespräch bleibt Faust hier auffallend wortkarg und macht nur kurze Bemerkungen. Vielleicht fürchtet er, Margarete könne mit ihrer Intuition hinter sein dunkles Geheimnis – die wahre Verbindung zu Mephistopheles – kommen.

Bevor Margarete geht, kommt Faust noch auf seinen größten Wunsch zu sprechen. Er umschreibt es harmlos „ein Stündchen ruhig dir am Busen hängen,/[...] und Seel in Seele drängen“ (V. 3503 f.). Margarete willigt ein und nimmt von Faust auch das Schlafmittel gegen den leichten Schlaf der Mutter. Nach Margaretes Abgang tritt Mephistopheles auf, der spioniert hat und sich über das Liebespaar lustig macht. Zur Gretchenfrage gibt er seine eigene Meinung kund. Sie ist für ihn kein Problem der Übereinstimmung in Wertefragen, sondern schlicht eine Machtfrage: „Sie [die Frauen] denken, duckt er da, folgt er uns eben auch.“ (V. 3527)

Am Brunnen (V. 3544–3586)

Die Szene ist die erste von vier Szenen, die zeigen, welchen gesellschaftlichen Zwängen und Sanktionen Margarete mit ihrer Liebe zu Faust ausgesetzt ist. Die Szene ist zweigeteilt, nach dem **Gespräch mit Lieschen über das Schicksal Bärbelchens** führt sich Margarethe auf dem Heimweg in einem Monolog erstmals ihre Lage bewusst vor Augen. Diese Szene schließt nicht direkt an die vorangehende an, lässt aber den zeitlichen Abstand offen. Gretchen ist mit einem gleichaltrigen Mädchen am Brunnen beim Wasserholen. Ihre Begleiterin, Lieschen, bringt das Gespräch auf Bärbelchen, eine weitere Altersgenossin, die nach einer Liebschaft schwanger und ohne Bräutigam ist. Während Lieschen, aus der ganz deutlich der Neid auf die Beziehung spricht, für die Unglückliche keinerlei Mitgefühl zeigt, kann Gretchen sie aus tiefstem Herzen bedauern, denn in dem Gespräch wird ihr vor Augen geführt, was ihr bevorstehen könnte: gesellschaftliche Ächtung, Hohn und Spott der Altersgenossinnen.

Zwinger (V. 3587–3619)

Am Zwinger, dem Raum zwischen den Häusern am Rande der Stadt und der Stadtmauer, ist wohl in einer Mauernische ein Andachtsbild der „schmerzensreichen Muttergottes" aufgestellt. Die Szene schließt inhaltlich direkt an die vorhergehende an. Margarete weiß, dass sie am Rand der Gesellschaft steht, von der sie nur Verachtung und Bestrafung, aber keine Hilfe erwarten darf. So ist die Muttergottes die Einzige, die sie um Beistand bitten kann. Während sie das **Bild Marias** schmückt, trägt sie ihr die ausweglose Situation vor, in der sie sich befindet, und bittet sie inbrünstig um Rettung „von Schmach und Tod" (V. 3616). Ihr **Gebet** ist in der üblichen Weise gegliedert:

- Anrede und allgemeine Bitte (V. 3587–3589),
- Betrachtung der Schmerzen Mariens (V. 3590–3595),
- Schilderung der eigenen Notlage (V. 3596–3615),
- Bitte um Beistand und Rettung (V. 3516–3519).

Nacht. Straße vor Gretchens Türe (V. 3620–3775)

Die Szene weicht inhaltlich und auch formal von den meisten bisherigen Szenen der Gretchen-Handlung ab, die eine Folge von Monologen und Dialogen bilden, indem sie nach und nach immer mehr Personen auf die Bühne bringt. Sie gliedert sich in folgende Handlungsschritte:

- Monolog Valentins mit der Klage über das Verhalten seiner Schwester (V. 3620–3649),
- kurzer Dialog zwischen Mephistopheles und Faust (V. 3650–3677),
- Mephistopheles' „moralisches Lied" (V. 3678–3697),
- Duell zwischen Valentin und Faust bzw. Mephistopheles (V. 3698–3715),
- Volksauflauf, Valentin verflucht Margarete und stirbt (V. 3716–3775).

Margaretes Bruder, der Soldat **Valentin**, ist zum Elternhaus zurückgekehrt, um sich zu vergewissern, ob die Gerüchte über den unmoralischen Lebenswandel seiner Schwester einen wahren Hintergrund haben. Er, für den die Schwester bisher den Inbegriff weiblicher Tugend darstellt, sieht sich dem Spott seiner Kameraden ausgesetzt und fühlt sich dadurch in der Familienehre verletzt. Er wacht vor dem elterlichen Haus. Seine Wut wächst, als sich Faust und Mephistopheles auf dem Weg zu Margarete dem Haus nähern. Die beiden sind in ein Gespräch vertieft und bemerken ihn nicht. Faust ist in düsterer Stimmung, während Mephistopheles in Vorfreunde auf die herannahende Walpurgisnacht frivole und spöttische Bemerkungen macht. Da es keine Gelegenheit für ein Geschenk für Margarete gab, widmet ihr Mephistopheles kurzerhand ein Spottlied, das er laut vorträgt. Es geht darin um die verlorene Unschuld und darum, dass ein solcher Verlust nicht mehr rückgängig zu machen ist und man tunlichst vorher nach „dem Ring am Finger" trachten solle. Das ruft natürlich Valentin auf den Plan. Er springt mit gezogenem Degen vor und attackiert die beiden. Es kommt zu einem **Duell**, in dem Mephisto – für Valentin unsichtbar – die Waffe führt. **Valentin** wird in dem Gefecht **tödlich verletzt** und Faust muss fliehen. Da durch das Verbrechen der Blutbann auf ihm liegt, kann Faust, der für die Tat verantwortlich gemacht wird, nicht mehr in die Stadt zurückkehren. Der tödlich verwundete Valentin ruft die zusammengelaufenen Nachbarn zu sich und beschimpft seine Schwester wegen ihres unsittlichen Lebenswandels öffentlich als Hure. Kurz bevor er stirbt, sagt er der Schwester eine düstere Zukunft als stadtbekannte Prostituierte voraus. In seinem Schlussmonolog klingt bereits das Motiv des Kindsmordes an (vgl. V. 3744). Noch im Sterben verflucht Valentin die Schwester.

Dom (V. 3776–3834)

Gretchen hat inzwischen im Dom Zuflucht gesucht, weil sie sich dort Zuspruch und Trost verspricht. Die kurze Szene zeigt Gretchen noch einmal in ihrer Not: Faust ist verschwunden, und sie hat seither keinerlei Nachricht von ihm. Zwei Stimmen dringen gewissermaßen im Wechselgesang auf sie ein: ein **böser Geist** und der **Chor** im Dom. Letzterer verweist mit seinem Gesang auf das Jüngste Gericht und auf das, was sie dort erwarten wird: göttlicher Zorn und göttliche Strafe. Der böse Geist zählt ihre bisherigen Sünden auf: Sie hat ihre Unschuld und damit ihre Ehre verloren. Sie hat die Mutter mit dem Schlafmittel unabsichtlich getötet. Der Bruder ist durch die Hand des Liebhabers gestorben und unter ihrem Herzen regt sich werdendes Leben. Von allen Seiten dringen Anklage und die Prophezeiung ewiger Verdammnis und künftiger Höllenqualen auf sie ein, bis sie schließlich von einer Ohnmacht aus ihrer seelischen Qual erlöst wird – zumindest für den Augenblick.

Walpurgisnacht (V. 3835–4222)

Nach der „Hexenküche" führt Fausts Weg nun zum zweiten Mal in das **Reich des Mephistopheles**, in der Zauber, Hexerei und

Magie herrschen. Gegenüber der „Hexenküche“ stellt das Treiben auf dem Brocken eine deutliche Steigerung dar. Mephistopheles will Faust aus der Lebenswelt Margaretes entführen, da er das Mädchen als Gegenspielerin erkannt hat, die den wankelmütigen Faust vielleicht doch noch auf ihren Weg ziehen und damit seine eigenen Pläne durchkreuzen könnte. Deshalb bringt der Herr der Finsternis Faust in seine Welt, in der, vom halbdunklen Mond kaum erleuchtet, Traumhaftes, Zauber und Realität ohne klare Grenzen ineinander übergehen.

Die Handlung dieser recht langen Szene lässt sich in **vier größere Abschnitt**e unterteilen, die steigernd angeordnet sind:

- Faust und Mephistopheles wandern unter der Führung der Irrlichter durch die Finsternis hinauf zum Blocksberg (V. 3835–3911).
- Mephisto übernimmt die Führung und beide erleben das stürmisch wilde Hexenheer auf seinem Weg zum Versammlungsort (V. 3912–4015).
- Mephistopheles zeigt Faust die Banalität des Bösen (V. 4016–4117).
- Faust tanzt mit der jungen Hexe und erlebt eine Gretchenvision, die Mephisto überspielen will (V. 4118–4222).

Eröffnet wird die Szene mit dem **Aufstieg zum Brocken**. Während Faust von Wanderlust und Tatkraft erfüllt ist, nimmt Mephistopheles nach eigenen Worten von alldem nichts wahr. Ein Irrlicht führt die beiden hinauf in die „Traum- und Zaubersphäre“ (V. 3871).

Im Wechselgesang wird zuerst die Natur (V. 3871–3888) und dann die Tierwelt (V. 3889–3905) beschrieben. Dabei kann Faust einen faszinierenden Einblick in die Welt des Mammons (V. 3915) gewinnen und das Wachsen der Edelmetalle (V. 3916–3931) im Berg beobachten.

Als das satanische Gefolge in einem Wirbelsturm vorbei hinauf zum Blocksberg zieht, macht Mephistopheles Faust auf die anderen Blocksbergbesucher aufmerksam, stellt sie gewissermaßen vor. Da gibt es Hexen und Halbhexen, Hexenmeister und anonyme Stimmen. Faust, der sich dort oben auf dem Gipfel die Lösung manchen Rätsels (V. 4040) verspricht, geht in dem Trubel und Treiben fast verloren. Doch Mephistopheles hat mit ihm andere Pläne und führt ihn deshalb aus dem Trubel hinaus.

Ein Blick in die Geschichte soll zeigen, dass die Zeit für den Jüngsten Tag (V. 4092) reif ist und die Welt „auf der Neige" ist (V. 4095). In satirischer Überspitzung beklagen vier Vertreter des Ancien Régime die Wertlosigkeit menschlichen Strebens: ein General, der sich vom Volk verraten fühlt (V. 4076 ff.), ein Minister, der der vergangenen „rechten, goldnen Zeit" (V. 4083) nachtrauert, ein Emporkömmling, der sich um die Früchte seines Intrigenspiels gebracht sieht (V. 4084 ff.) und schließlich ein Autor mittelmäßiger Schriften, den sogar das Volk kritisiert (V. 4088 ff.).

Eine Trödelhexe bietet allerlei Mordinstrumente feil, die Assoziationen zu den vorangegangenen Ereignissen der Gretchen-Handlung wecken: Schmuck, Gifttrank, Dolch und Schwert.

Mit dem Bild der schönen Lilith, die nach jüdischer Überlieferung als erste Frau Adams (V. 4119) und Inbegriff der Schönheit und Verführung gilt, startet Mephistopheles seinen zweiten Versuch, Faust zu verführen, um seine Gedanken von Margarete abzulenken. Auch der Tanz mit einer jungen Hexe gehört zum „Programm", und Mephistopheles' Plan scheint aufzugehen, denn Faust kommt mit der Hexe in eine Unterhaltung voller erotischer Doppeldeutigkeiten. Gestört wird das angeregte Gespräch durch das Auftreten des Proktophantasmisten (der, der mit dem Hintern fantasiert). Er stellt eine Persiflage auf den verbissenen Spätaufklärer Friedrich Nicolai dar, der zeitlebens gegen Gespensterglauben, Schwärmerei und Fantastik angeschrieben und gewettert hat. Zugleich bedeutet sein Auftritt natürlich eine satirische Spitze gegen die Aufklärung. Noch während des Tanzes mit der jungen Hexe vermeint Faust etwas abseits plötzlich „ein blasses, schönes Kind allein und ferne stehen“ (V. 4184) zu sehen, in dem er **Margarete** zu erkennen glaubt. Auch wenn Mephisto dies als „Zauberbild“, als lebloses „Idol“ (V. 4190), d. h. als Trugbild abtun will, lässt Faust sich nicht davon abbringen. Die Attribute der Gestalt deuten unverkennbar auf Gretchen hin, nehmen dabei zum Teil aber auch Zukünftiges vorweg: z. B. die mühsame Fortbewegung ihre Gefangenschaft (vgl. V. 4185 f.); die toten Augen den Tod der Mutter oder das eigene Schicksal Margaretes (vgl. V. 4195); das rote Schnürchen am Hals, kaum „breiter als ein Messerrücken“ (V. 4203 f.), das Henkersschwert. Mephistopheles kann darüber nur grausam spotten: „Sie kann das Haupt auch unterm Arme tragen“ (V. 4207). Faust ist von der Erscheinung wie gelähmt und völlig unfähig zu einer Reaktion.

Walpurgisnachtstraum (V. 4223–4398)

Vorerst schiebt sich noch der „Walpurgisnachtstraum“ als **Intermezzo** in die Handlung. Faust ergreift, gewissermaßen zur Verdrängung seiner seelischen Erschütterung, die Gelegenheit zur Ablenkung. Im Mittelpunkt des Intermezzos stehen die Naturgottheiten Oberon und Titania, die Goldene Hochzeit bzw. 50 Jahre Ehestreit zwischen alten Leuten feiern. Letzterer wird ironisierend für die hemmungslose Entfesselung aller Triebe ver antwortlich gemacht. Oberon und Titania zu Ehren führt man ein Huldigungsspiel auf. Nach einem Vorspiel, bei dem ein Theatermeister und einige Hauptpersonen zu Wort kommen, folgen vier Teile. In Teil 1 und 2 werden Vertreter der Literatur satirisch überspitzt dargestellt und ihr Dilettantismus bloßgestellt, während sich der Spott in Teil 3 gegen Weltanschauungen und Philosophie sowie in Teil 4 schließlich gegen die Politik wendet. Rahmenfiguren des Spiels sind die Naturgeister Puck und Ariel, die auch den Epilog singen.

Walpurgisnacht-Szene aus Peter Steins Produktion für die Expo in Hannover (2006)

Diese 44 Vierzeiler sind also den verschiedensten aneinandergereihten Themen gewidmet und bilden somit gemäß den Empfehlungen des Theaterdirektors im Vorspiel ein wirkliches „Ragout“ (V. 100). Der Titel, die auftretenden Figuren und auch die Handlung verweisen auf Shakespeares Komödie *Ein Sommernachtstraum.*

Trüber Tag. Feld (ohne Verszählung)

Diese Szene ist die einzige, die Goethe nicht nachträglich in Verse umgeschrieben hat, sondern bei der er die Prosaform beibehielt. Faust macht Mephistopheles Vorwürfe, die dieser mit sarkastischen Bemerkungen kommentiert. Schließlich drängt Faust Mephistopheles, etwas zur Rettung Margaretes zu unternehmen, und lässt keine Einwände gelten.

Nacht, offen Feld (V. 4399–4404)

Auf dem Weg zum Kerker begegnen Faust und Mephistopheles einer geheimnisvollen Hexenversammlung. Als sie am Gefängnis ankommen, benebelt Mephistopheles wie versprochen des Wärters Sinne, sodass Faust mit dessen Schlüssel in Gretchens Gefängniszelle vordringen kann, um sie zu befreien.

Kerker (V. 4405–4612)

In der Eröffnung der Szene mischen sich Fausts Gedanken (Monolog) – er sucht, ausgerüstet mit Schlüsselbund und Lampe, die Zelle Margaretes – und ein Lied, das sie in ihrer Zelle singt und das ihn zu seinem Ziel führt. In vier Schritten entwickelt sich daran anknüpfend die übrige Handlung der Szene.

Als Faust den Raum betritt, erschrickt Gretchen, da sie ihn für den **Henker** hält, der sie unerwartet früh abholen will, um das über sie verhängte Todesurteil zu vollstrecken. Ihre Rede klingt zunehmend verwirrter und es dauert eine ganze Weile, bis sie **Faust** wahrnimmt und **erkennt**. Doch der erträgt die Anspannung kaum noch, denkt nur an Flucht und überhört Gretchens Wunsch nach seiner Nähe, Wärme und seinen Liebkosungen. Margarete erkennt, dass sich Faust bereits innerlich von ihr entfernt hat (vgl. Hinweis auf seine kalten Lippen, V. 4491 ff.). Und während ihr **ihre Sünden** noch einmal lebendig vor Augen treten, distanziert auch sie sich innerlich immer weiter von Faust. Es bleibt nur noch ihr Auftrag an Faust, sich um ihr Grab und um das ihrer Lieben zu kümmern. In einer Art Vision beschreibt sie ihre bevorstehende Hinrichtung. Als dann auch noch **Mephistopheles**, den Gretchen instinktiv immer als Satan wahrgenommen hat, in der Kerkertür erscheint und die beiden zur Eile mahnt, ist ihre **Entscheidung** endgültig gefallen. Um der ewigen Verdammnis zu entgehen, **nimmt** sie ihre **Schuld und Strafe an** und überantwortet sich der göttlichen Gnade, die ihr durch eine Stimme von oben widerfährt: „Ist gerettet!“ (V. 4611). Ihre letzten Worte drücken diese Wende ganz deutlich aus: „Heinrich! Mir graut's vor dir.“ (V. 4610)

Textanalyse und Interpretation

1 Aufbau

Die bei einem Drama übliche Einteilung in Akte fehlt bei *Faust I*. Im weitesten Sinne lässt er sich in **fünf** vom Umfang her gesehen recht unterschiedliche **Teile** gliedern. Da wäre zunächst einmal die **dreifache Annäherung** an die eigentliche Faust-Handlung, die durch „Zueignung", „Vorspiel auf dem Theater" und „Prolog im Himmel" erfolgt. Die eigentliche Faust-Handlung wiederum besteht aus zwei großen Teilen, der **Gelehrten-Tragödie** und der **Gretchen-Tragödie**. Die beiden letztgenannten großen Teile des Dramas sind in Auftritte oder Szenen unterteilt.

Die genannten Annäherungen bilden eigene Handlungsebenen, wobei dies für die „Zueignung" nur in eingeschränkter Form gilt, man spricht hier besser von einer Reflexionsebene. Das lyrische Ich, der Dichter, vergegenwärtigt sich hier vor allem einen ganz bestimmten Moment in der Entstehungsgeschichte des eigentlichen Dramas und spricht damit seine Motivation und seine Schwierigkeiten beim Verfassen des Dramas an. Die **„Zueignung"** bildet mit 32 Versen den kürzesten Teil des ganzen Stückes. Das „Vorspiel" variiert das bereits angesprochene Thema ‚Theater' bei einer **völlig veränderten Situation** auf einer neuen Ebene. Es führt den Leser bzw. Zuschauer auf die Ebene des Spiels, auf die Theaterbühne. In der 190 Verse umfassenden Diskussion der drei Theaterleute wird die kommende Faust-Handlung erst einmal allgemein reflektiert. Deren Handlungsebene ist mit der dritten Annäherung fast schon erreicht. Diese führt insofern bereits in die Handlung hinein, als hier gewissermaßen der Handlungsrahmen aufgespannt wird, innerhalb dessen sich alles Folgende bewegt und durch den viele Ereignisse bedingt sind. Der „**Prolog im Himmel**“ umfasst insgesamt 110 Verse. Er eröffnet in der Diskussion zwischen dem Herrn und Mephistopheles zwei gegensätzliche Sichtweisen auf Faust und damit auf den Menschen, für den Faust steht. Erst nach dem Prolog, der sozusagen die Hintergründe des künftigen Geschehens offenlegt, ist die eigentliche Handlungsebene des Dramas erreicht.

Die eigentliche Faust-Handlung (des ersten Teils) umfasst insgesamt 4260 Verse, hinzu kommt allerdings noch die einzige Prosa-Szene des Stückes, „Trüber Tag. Feld“. Die beiden großen Teile, in welche die Faust-Handlung zerfällt, sind annähernd gleich umfangreich; die Gelehrten-Tragödie umfasst dabei 2418 Verse, die Gretchen-Tragödie 2024 Verse. Beide Teile haben eigenes Personal, nur zwei Personen treten in beiden Teilen auf – Faust und Mephistopheles. Die Gelehrten-Tragödie besteht aus insgesamt vier Szenen, die Gretchen-Handlung dagegen aus 17 Szenen.

Vier Szenen könnte man einen **eigenen Status** zuschreiben, auch wenn sie mit der Haupthandlung verbunden sind. So stellt „**Auerbachs Keller**“ eine Art Übergang dar, denn die Szene zeigt Mephistopheles’ ersten Versuch, seine Wette zu gewinnen. Die Szene gehört damit zur Gelehrten-Tragödie, in der der Pakt geschlossen wird, bildet aber gleichzeitig eine erste Station auf der „Reise in die Welt“, mit der Mephistopheles sein Ziel erreichen will. Alle künftigen Szenen sind in diesem Zusammenhang Reisestationen. Die „**Hexenküche**“ dagegen bereitet die erste Begegnung mit Gretchen vor. Auf gleicher Ebene spielt die „**Walpurgisnacht**“, in welche der „**Walpurgisnachtstraum**“ integriert ist. In der „Hexenküche“ wie in der „Walpurgisnacht“ hat Faust Visionen – einmal ist es die schöne Helena, das andere Mal Gretchen.

2 Textstrukturen

Wenn man an *Faust I* als Maßstab das Modell des klassischen Dramas anlegt, wird man zu keiner befriedigenden Bewertung der Architektur des Stückes kommen. Einige Interpreten gingen sogar so weit, von einer wenig strukturierten Ansammlung von Szenen zu sprechen. Andere heben immer wieder die uneinheitliche Struktur des Werkes, ja sogar einzelner Szenen hervor. Hält man sich jedoch vor Augen, dass dem *Faust I* jegliche Akteinteilung fehlt, dann wird schnell deutlich, dass die **Architektonik** des Werkes **anderen Strukturprinzipien** folgt. Neuere Untersuchungen haben gezeigt, dass z. B. der **Wechsel** von **Systole** und **Diastole** die Dramenhandlung strukturiert und dass ein Geflecht von Leitmotiven und Symbolen *Faust I* ebenso zusammenhält wie wechselseitige Spiegelungen.

Systole und Diastole

Systole und Diastole (Einschränkung und Ausbreitung; Konzentration und Ausdehnung) sind wichtige Begriffe in Goethes Denken, mit denen er die organische Natur erfassen will. Für Goethe vollzieht sich der Lebensrhythmus der gesamten organischen Natur im Wechsel von Systole und Diastole. In seiner Farbenlehre drückt Goethe das so aus: „So setzt das Einatmen bereits das Ausatmen voraus und umgekehrt, so jede Systole jede Diastole. Es ist die ewige Formel des Lebens, die sich hier äußert“[7]. Dies betrifft im Selbstverständnis des Dichters sein eigenes Leben genauso wie das der Menschen überhaupt. Folglich überträgt Goethe dieses Lebensprinzip nicht nur auf den Lebensrhythmus Fausts, sondern auch auf die Anordnung der Handlungsschritte insgesamt.

Systole und Diastole bestimmen das ganze **Streben Fausts**. Diesen beiden Kategorien ordnet Goethe auch das Begriffspaar ‚Verselbsten‘ und ‚Entselbstigen‘ zu. Sie zeigen sich in einem wiederholten Wechsel von Anstieg und Abstieg, von Spannung

Die Struktur von Faust I

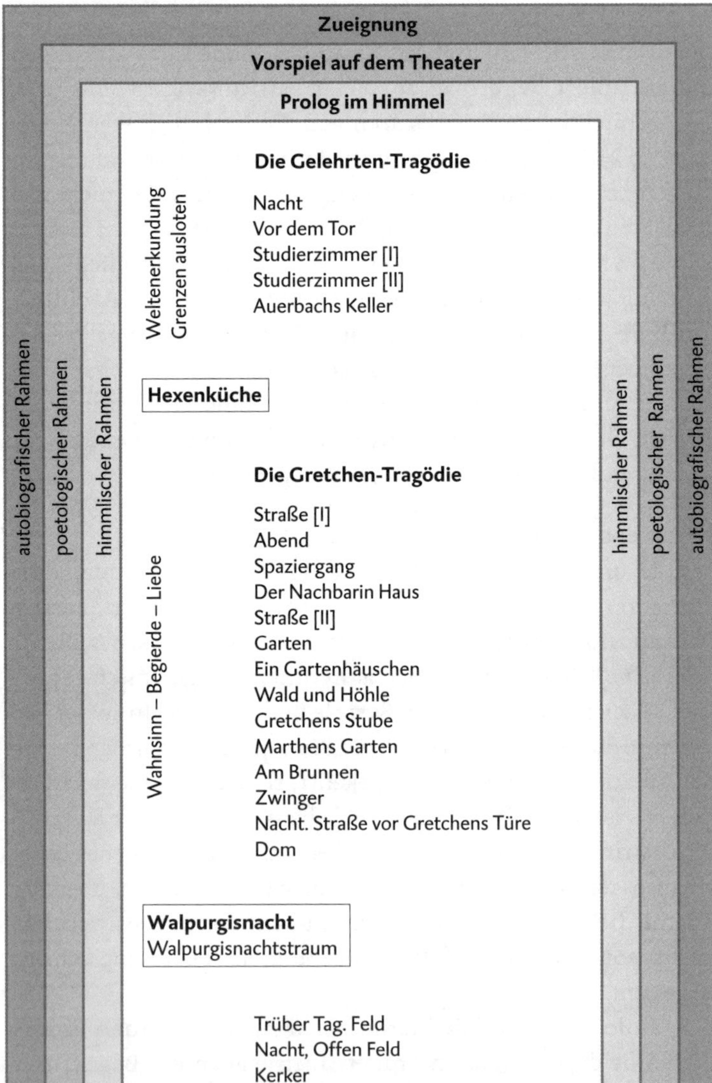

und Lösung. In der Faust-Handlung kann man diesen Wechsel von Beengtsein und Erweiterung bereits im Eingangsmonolog beobachten. Der Beengtheit und Begrenztheit seines Daseins wird sich Faust ja bereits in seiner vernichtenden Lebensbilanz zu Beginn des Dramas (vgl. V. 354 ff.) bewusst. Aus diesem Gefühl allseitiger Enge erwächst der Wunsch nach Entgrenzung, nach Freiheit und der Möglichkeit, „auf Bergeshöhn, / In [dem] Lichte [zu] gehn, / Um Bergeshöhle mit Geistern [zu] schweben" (V. 392 ff.). Kaum ist der Wunsch geäußert, kehren Fausts Gedanken wieder zur augenblicklichen Situation zurück und er empfindet sein Dasein noch heftiger als „Kerkerloch" und sein Wissen als absolut wertlos. Während der Beschäftigung mit Nostradamus kehrt ein Gefühl der Befreiung, der Erweiterung und Entselbstigung in die Natur zurück, das in den Äußerungen gipfelt: „Bin ich ein Gott? Mir wird so licht!" (V. 439) Die Zurückweisung durch den Erdgeist, dem Faust sich im Moment der erfolgreichen Beschwörung ebenbürtig fühlt, stößt ihn wieder zurück in das Gefängnis seines Menschseins und Faust fühlt sich so recht als „weggekrümmter Wurm" (V. 498). Nach einer kurzen Phase der Ablenkung im Gespräch mit Wagner kehren Fausts Gedanken schnell wieder zu ihrem Ausgangspunkt zurück: „Den Göttern gleich ich nicht! Zu tief ist es gefühlt; / Dem Wurme gleich ich, der den Staub durchwühlt" (V. 652 f.). Aus diesem Gefühl der Minderwertigkeit und Nichtigkeit heraus kommt Faust der Gedanke, durch Selbstmord die radikalste Form der Entselbstigung zu erreichen, um dann – von seinen irdisch-menschlichen Hüllen befreit – neue Pforten öffnen zu können (vgl. V. 701) und mit dem „Feuerwagen [...] auf neuer Bahn den Äther zu durchdringen" (V. 702 ff.).

Systole und Diastole finden sich aber genauso in der **Gretchen-Handlung** wieder, so z. B. im Wechsel von Abgeschlossenheit in Familie und kleinbürgerlicher Welt mit Margaretes Heraustreten aus dieser Enge durch eine ihren Horizont erweiternde persönliche Erfahrung der Liebe zu Faust. Diese Erfahrung lässt sie bürgerliche Konventionen wie Wohlanständigkeit beiseiteschieben bzw. überwinden. Der Umschlag zur Systole erfolgt dann in der dadurch hervorgerufenen sozialen Isolierung innerhalb dieser bürgerlichen Welt, die ihren Höhepunkt in der Kerkerhaft und Hinrichtung findet. Die abschließende Erweiterung ihres Selbst bzw. die Entselbstigung zeigt sich in Margaretes Visionen ihres Wahnsinns, vor allem aber in der inneren Freiheit, die sie durch ihre Annahme von Strafe und Buße erlangt.

Antithetik

Unterstützt und fortgeführt wird das Bauprinzip von Systole und Diastole durch eine auf andere Elemente und Motive erweiterte **Antithetik**, d.h. die Darstellung von Gegensätzen. Dazu gehört z.B. der Wechsel von Nacht und Tag in den Szenen „Nacht" und „Vor dem Tor" genauso wie der Gegensatz von ‚drinnen und draußen', ‚Behausung und Natur', von ‚Gefangenschaft und Befreiung'. Auch Geist bzw. Verstand und Buchgelehrtheit stehen in diesem antithetischen Verhältnis, ebenso Alter und Jugend sowie das Verhältnis von Ganzem und Teil, besonders im Verhältnis von Faust und Mephistopheles, von göttlichem Heilsplan und mephistophelischem ‚Schaffen' als Teil davon (vgl. V. 343). Die göttliche Sphäre erscheint als Licht und Schwerelosigkeit, Mephistopheles' Sphäre wird charakterisiert durch Finsternis und Materie (Schwere), hinzu kommt der Gegensatz von droben (Himmel) und drunten (Hölle bzw. Erde).

In *Faust I* findet sich eine reichhaltige **Fülle literarischer Elemente**, Formen und Gattungen.

Die biblische Folie

Für die Wette zwischen Mephistopheles und dem Herrn griff Goethe auf ein Vorbild aus der Bibel zurück, das er in einem Gespräch mit Eckermann am 18. Januar 1825 auch erwähnte: „Hat [...] die Exposition meines *Faust* mit der des *Hiob* einige Ähnlichkeit, so ist das [...] ganz recht"[8]. Gemeint ist eine Stelle aus dem **Buch Hiob**, 1. Kapitel Vers 6–12. Hier versammeln sich die Göttersöhne, die Erzengel und Satan vor dem Herrn, um über die Welt und die Menschen zu sprechen. Der Herr lenkt das Gespräch auf Hiob, „meinen Knecht", wie er sich ausdrückt. Voller Wohlgefallen lobt er Hiob als rechtschaffen, gottesfürchtig und fromm, wohingegen Satan die Echtheit und Beständigkeit von Hiobs Gottesfurcht bezweifelt. Er vermutet hinter Hiobs Rechtschaffenheit eher Opportunismus und fordert Gott auf, seinen irdischen Diener auf die Probe zu stellen und ihm alles zu nehmen, was er hat. Damit schlägt der Teufel dem Herrn eine Art **Wette** vor: „Was gilt's, er wird dir ins Angesicht absagen". Gott stimmt dem Experiment zu.

Die Ähnlichkeit mit der Wette im *Faust*-Prolog ist deutlich, doch darf man darüber nicht die **Unterschiede** vergessen:

- Hiob ist und bleibt, auch im tiefsten Elend, ein gottesfürchtiger Mann. Er bewährt sich Gott gegenüber als treu.
- Faust hat sich dagegen zu Beginn des Dramas bereits von Gott und von seinem Glauben abgewandt. Das wird schon in seinem Eingangsmonolog deutlich, als er feststellt: „allein mir fehlt der Glaube" (V. 765). Dies erkennt auch Margarete im sogenannten Religionsgespräch: „du hast kein Christentum" (V. 3468).
- Aus dem in seiner Klage mit Gott rechtenden Hiob ist bei Goethe ein religiös autonomer und selbstbewusster Faust geworden, dem vom Herrn sogar ein Irrtum zugestanden wird.
- Hiob weiß nicht, warum ihn soviel Unglück trifft und welche Rolle Satan dabei spielt, während Faust sich freiwillig und bewusst auf das Bündnis mit Mephistopheles einlässt.
- Das Bibelbuch demonstriert die Abhängigkeit des Menschen von Gott, in Goethes Faust konkurrieren dagegen zwei Menschenbilder: das negative, skeptische von Mephistopheles und das positive, optimistische des Herrn.

Die Gelehrten-Tragödie als Monodrama

In der ersten Hälfte von *Faust I* dominiert zweifellos Faust die Handlung. Man könnte die Gelehrten-Tragödie auch als eine **Folge von Monologen** sehen, in denen Faust an der Unvollkommenheit menschlicher Erkenntnisfähigkeit und an der Einsicht in diese Tatsache verzweifelt, sodass er für den Teufelspakt – und damit für die zweite Hälfte der Handlung – bereit ist. Manche sprechen bei der Gelehrten-Tragödie auch von einem **Monodrama**. Damit meint man streng genommen ein Drama mit nur einer handelnden und sprechenden Person. Wenn man von der Szene „Vor dem Tor" absieht und Wagners dramatische Bedeutung nicht zu hoch einschätzt, ist dies gerechtfertigt. Wagner hat während seines nächtlichen Auftritts deutlich geringere Redeanteile, liefert – überspitzt formuliert – Faust quasi die Stichworte. Auf dem Osterspaziergang verhält es sich ähnlich. Wagners dramatische Funktion besteht vor allem darin, Fausts Gegenbild zu sein. Gesteigert wird diese Absicht Goethes in der **Parodie** bzw. Satire der Schülerszene. Gerade diese Szene und z. B. Mephistopheles' erster Besuch bei Frau Marthe Schwerdtlein tragen deutlich **komödienhafte** Züge. Spätestens mit dem Auftreten Mephistopheles' ändert sich die Situation, denn die Dominanz Fausts im Sinne eines Monodramas verliert sich. Mephisto ist ihm ein gleichwertiger Dialogpartner. Außerdem gehen von ihm eindeutig Handlungsimpulse aus: Er nähert sich Faust; er gibt sich zu erkennen; er drängt zum Abschluss eines Paktes und forciert die Fahrt in die Welt hinein.

Die Gretchen-Handlung als Liebestragödie

In der Gretchen-Handlung begegnen wir einem zumindest äußerlich veränderten – verjüngten – Faust. Er geht jetzt einen anderen Weg – den der Liebe –, um Vollkommenheit bzw. Zufriedenheit zu erlangen. Folglich ist die Gretchen-Handlung eine **Liebesgeschichte** mit tragischem Ausgang.

Die Gretchen-Tragödie

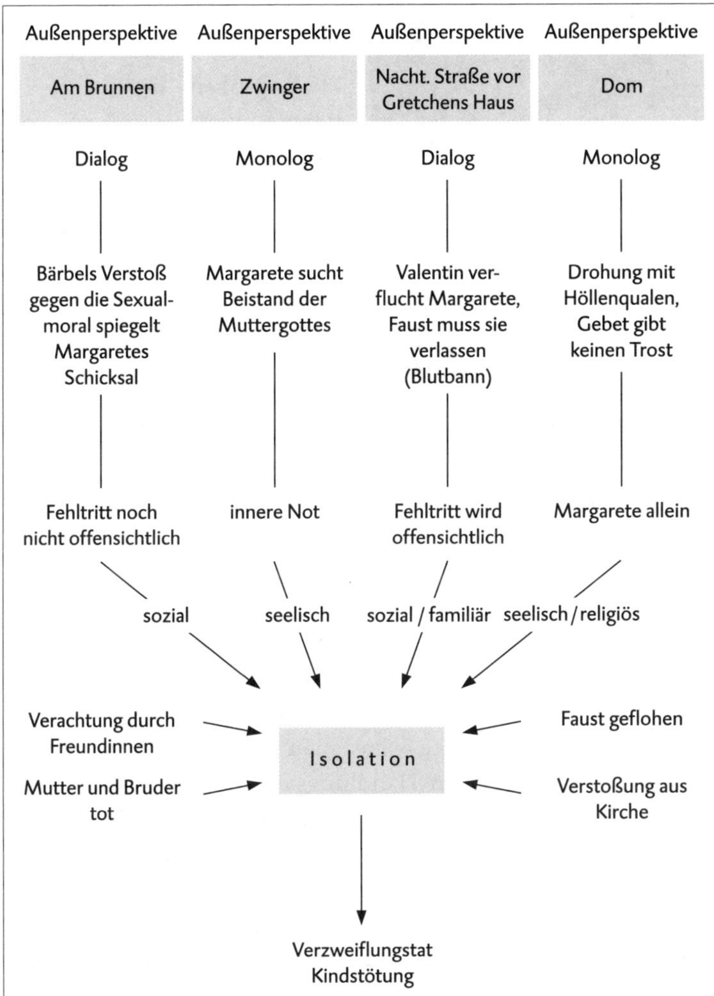

Die Handlungsführung erinnert dabei durchaus an eine **Tragödie** im klassischen Sinne. Am Anfang der Handlung steht ein unschuldiges Mädchen, das sich bei der Verwirklichung seiner

Faust (Christian Nickel) mit Gretchen (Dorothee Hartinger) in Peter Steins Inszenierung (2006)

Liebe immer tiefer in Schuld verstrickt. In ihrer unbedingten Liebe zu Faust schiebt Gretchen alle Bedenken, die ihr ihre Erziehung vorgeben müsste, beiseite, ordnet sie ihrer Liebe unter und steht am Ende als verurteilte Verbrecherin da. Durch die freie Entscheidung, Schuld und Sühne auf sich zu nehmen, gewinnt sie einen Zustand sittlicher Freiheit und Entschuldung. Der Schuld konnte sie dabei, als Figur in einem Spiel auf quasi höherer Ebene, gar nicht entkommen.

Die Gretchen-Handlung als Stationendrama

Betrachtet man den strukturellen Aufbau der Gretchen-Handlung, kann man feststellen, dass diese nach dem Vorbild Shakespeares als **Stationendrama** konstruiert ist. Die Handlungsführung ist nicht linear und kontinuierlich, sondern greift einzelne wichtige Lebensabschnitte – Stationen – heraus, die auf unterschiedliche Weise in den Handlungsverlauf eingebaut werden. So wird Margaretes Jugendzeit bzw. die unmittelbare Zeit vor der Begegnung mit Faust im Dialog mit ihm als **Rückblende** eingeflochten (vgl. V. 3109–3148). Margaretes Tod dagegen, der nach der Kerkerszene eintritt, wird als **Vorausschau** eingebracht, wenn Margarete, die ja weiß, was sie erwartet, sich ihre Hinrichtung vergegenwärtigt (vgl. V. 4580–4595). **Direkt dargestellt** ist in sich steigerndem Spannungsverlauf die Liebe zwischen Margarete und Faust, während alle damit verbundenen Folgen wie Tod der Mutter, Schwangerschaft, Entbindung und Kindstötung eine **indirekte Darstellung** erfahren, z. B. durch den bösen Geist im Dom (vgl. V. 3791 ff.) oder Margaretes Visionen in der Kerkerszene (vgl. V. 4507 ff.; 4551 ff.; 4580 ff.).

Als Stationen der Liebe finden sich: die erste Begegnung, das erste Rendezvous in Marthes Garten, das Liebesgeständnis im Garten, die ersten Zärtlichkeiten im Gartenhäuschen, die Wirkung dieser Ereignisse auf Faust und Margarete (vgl. „Wald und Höhle“ / „Gretchens Stube“) und die nächste Begegnung in Marthes Garten mit dem Versprechen Margaretes einer gemeinsamen Liebesnacht (vgl. V. 3505 f., 3514 f.). Wie viel Zeit jeweils zwischen den einzelnen Stationen liegt, bleibt ungesagt. Insgesamt umfasst die Gretchen-Handlung den Zeitraum von einem knappen Jahr.

Indirekte Darstellungsweise

Goethe hat gerade in der Gretchen-Handlung bewusst weitgehend auf äußere, **effektvolle Höhepunkte verzichtet**. Einige wichtige Ereignisse sind deshalb – wie oben schon gesagt – nur in Andeutungen, Rückblenden oder Vorausdeutungen dargestellt. Solche Ereignisse sind z. B. die Liebesnacht, der Tod von Margaretes Mutter, die Tötung des Kindes oder Verhaftung, Prozess und Hinrichtung.

Eine weitere indirekte Darstellungsweise, die Goethe in der Gretchen-Handlung einsetzt, ist die **Spiegelung** des Geschehens **in anderen Figuren**. So spiegelt sich z. B. Margarete in der Szene „Am Brunnen“ einmal in der Figur des Bärbelchens, über deren Verfehlungen und Schicksal sie mit Lieschen beim Wasserholen spricht. Am Beispiel Bärbelchens wird Margarete klar, was sie von ihrer kleinbürgerlichen Umgebung zu erwarten hat, falls ihr Verhältnis mit dem in der Stadt fremden Faust bekannt wird oder schlimmer noch, falls sie schwanger werden sollte bzw. es schon ist. In dem gehässigen Lieschen erkennt Margarete zu ihrer eigenen Beschämung sich selbst wieder, so wie sie vor ihrem Liebeserlebnis gedacht und gehandelt hat. Gleichzeitig wird der Wandel deutlich, den sie durch die Begegnung mit Faust erfahren hat. Der gesellschaftliche Abstieg, den Margarete erleidet, insbesondere der Schritt zur Kindstötung, wird in den Worten Valentins (vgl. V. 3726 ff.), vor allem in seinem Schlussmonolog (V. 3772 ff.), vorweggenommen.

Religiöse, höfische und musikalische Anleihen

Das bisher zu literarischen Formen und Techniken Gesagte erschöpft die Vielfalt, derer sich Goethe bedient, noch nicht. Einige literarischen Vorlagen klingen nur in kurzen Textpassagen des *Faust I* an. So ist der „Prolog im Himmel" dem **Mysterienspiel** nachempfunden, das vor allem im Mittelalter Bedeutung erlangte.

Dieses Mysterienspiel geht dann in die Tragödie über. Vornehmlich bei Szenen, die weder direkt zur Gelehrten- noch zur Gretchen-Tragödie gehören, greift Goethe auf **opernhafte** Darstellungsformen zurück oder macht Anleihen beim höfischen **Maskenspiel**. So hat eine Untersuchung erbracht, dass der erste Teil der *Faust*-Tragödie einen Wechsel von wort- und musikdramatischen Szenen zeigt, die streng voneinander geschieden sind. Dem Wort sind die Szenen menschlichen Ringens und Kämpfens, Leidens und Untergangs vorbehalten, während die Musik das Göttliche, Dämonische, Übernatürliche schildert. Solche musikdramatischen Szenen sind z. B. der „Prolog im Himmel" und die Erscheinung des Erdgeistes, die den Einfluss göttlich-dämonischer Kräfte zeigen, oder, wie in „Hexenküche" und „Walpurgisnacht", den teuflisch-dämonischer Kräfte. Manchmal – wie in der Domszene – gibt es auch eine Kombination beider Möglichkeiten. Im „Prolog" sind solche Passagen z. B. die Partien der Erzengel, bei der Erdgeistbeschwörung die Verse 486 bis 508 sowie die Chorgesänge der Engel in der Osternacht gehören dazu. Die „Hexenküche" und die „Walpurgisnacht", aber auch die Domszene weisen längere und zahlreiche musikdramatische Passagen auf. In der „Hexenküche" sind solche Passagen vor allem den Tieren und der Hexe zugeordnet, während zu Faust und

Mephistopheles die wortdramatischen Textpassagen gehören. Der operettenhafte Charakter findet sich in der „Walpurgisnacht" z. B. in den Regieanweisungen wieder: „Faust, Mephistopheles, Irrlicht" (**im Wechselgesang**) (V. 3871). Dieser Wechselgesang geht von V. 3871 bis 3911. Auch der Aufstieg des teuflischen Gefolges (vgl. V. 3956–4015) wird auf diese Art geschildert. Der Walpurgisnachtstraum als Teil der „Walpurgisnacht" trägt Züge höfischer **Maskenspiele**, wie Goethe sie als Hofdichter für Feste der großherzoglichen Familie verfasste und inszenierte.

Die wortdramatischen Passagen der Gelehrten- und Gretchen-Tragödie enthalten zudem **Liedeinlagen**. Dabei kann man volksliedhafte und kirchlich-liturgische Liedformen unterscheiden. Beispiele für **volksliedhafte Formen** sind z. B. das Tanzlied der Bauern unter der Linde (vgl. V. 949–980), das Trinklied der Gäste in „Auerbachs Keller" (vgl. V. 2126–2149), die Liebesballade vom König von Thule (vgl. V. 2759–2782), Gretchens Liebesklage (vgl. V. 3374–3413) oder Mephistopheles' Liebeslied (vgl. V. 3682–3697). Religiös-kirchlichen Charakter haben dagegen eher der Hymnus der Erzengel im „Prolog im Himmel" (vgl. V. 243–270), die Chöre am Ostermorgen (vgl. V. 737 ff.), Gretchens Gebet vor der Mater dolorosa (vgl. V. 3587–3619) und die Chorpassagen in der Domszene.

3 Personenkonstellation

Die Konfiguration

Man muss bei der Untersuchung der Personenkonstellation natürlich die Besonderheiten des Textaufbaus berücksichtigen. Für die beiden ersten Textzugänge ist die Konstellation klar, wenn man hier diesen Terminus überhaupt anwenden will: In der „Zueignung" spricht das lyrische Ich des Dichters, im „Vorspiel" geben die drei ‚Theaterleute' unterschiedliche bzw. gegensätzliche Antworten auf die Frage: Was ist ein gutes Theaterstück?

Erst im Prolog macht es Sinn, das Problem der Personenkonstellation zu betrachten, denn hier treten die Figuren namentlich auf, die für die Dramenhandlung von Bedeutung sind.

Für den **Prolog** ist die Konstellation übersichtlich und einfach. Auf der einen Seite finden sich der Herr und seine himmlische Heerschar, vor allem die Erzengel mit ihrem Lob für die göttliche Schöpfung. Auf die andere Seite stellt sich Mephistopheles, der sich diesem Lob nicht anschließen will. Der Herr und Mephistopheles stehen sich als Dialogpartner gegenüber. Ihr Diskussionsgegenstand ist Faust bzw. der Mensch ganz allgemein, den Faust repräsentiert. Er wird vom Herrn verteidigt und von Mephisto kritisiert bzw. angegriffen. Im Verlauf des Dialogs wird Faust Objekt der Abmachung zwischen dem Herrn und Mephisto, der von einer Wette spricht.

Auf der nächsttieferen Handlungsebene, der irdischen, verändert sich die Konstellation vor allem durch neue Protagonisten. Auch wird **Faust** nun vom **Handlungsobjekt** zum **-subjekt**. Er ist auf dieser Handlungsebene aufgrund der Wette (zu der Faust den Pakt mit dem Teufel verwandelt) nicht nur Wettpartner, sondern auch Gegenspieler von Mephistopheles. Diese Konstellation bleibt bis zum Schluss des Dramas erhalten. Für die übrigen Figuren des Stücks muss man die Personenkonstellation differenziert betrachten: einmal für die Gelehrten-Tragödie und zum zweiten für die Gretchen-Tragödie, denn in den beiden Hälften des Dramas wechselt das Personal bis auf die zwei Hauptfiguren Faust und Mephistopheles komplett.

In der **Gelehrten-Tragödie** steht Faust eindeutig im Zentrum, die anderen Personen kommen zu ihm bzw. sind auf ihn hin orientiert. Das gilt für Wagner und den Schüler genauso wie für Mephistopheles, der sich Faust in Verkleidung nähert, ja aufdrängt, und nicht – wie der Erdgeist – gerufen wird. Wagner und in besonderem Maße der Schüler stehen als Gelehrtentypen in Beziehung zu Faust. Wagner ist dabei eine Gegenfigur, die alles verkörpert, was Faust nicht sein will. Somit bildet Wagner auch einen Hintergrund, vor dem der Ausnahmegelehrte Faust noch deutlicher hervortritt. Der Schüler steht vor allem im Gegensatz zu Wagner. Goethe selbst nennt den Schüler einen Gelehrten mit warmem Herzen für die Wissenschaft. Seine Haltung ist respektvoll und ehrfürchtig, er will etwas lernen. Ihn betrüben keine Zweifel am Wert der Wissenschaft, er will sie aber auch nicht bis zur Selbstaufgabe betreiben. Wagner dagegen geht ganz in der Wissenschaft auf. Goethe selbst ordnet seinen drei Figuren folgende unterschiedlichen wissenschaftlichen Haltungen zu: Der Forschungstrieb des Famulus ist ein helles, kaltes wissenschaftliches, während der Schüler ein dumpfes, warmes wissenschaftliches Interesse an den Tag legt und Faust ein ideales Streben nach einem Einwirken und Einfühlen in die Natur zeigt.

In der **Gretchen-Tragödie** treten die beiden vorigen Figuren ab, dafür kommen neue auf die Bühne. Mephisto z. B. erhält Unterstützung von seinem „Gesinde“, um seine Pläne mit Faust umsetzen zu können. Es sind dies die Gestalten aus der „Hexenküche“. Dort wird Faust mithilfe des Zaubertranks auf die Begegnung mit Gretchen vorbereitet. Auch in der Walpurgisnacht-Szene tauchen die Helfer Mephistopheles’ auf. In der Lebenswelt der Menschen wählt sich Mephisto die Witwe Marthe als unfreiwillliges Instrument aus, um Faust und Gretchen zusammenzubringen. Dominiert wird die Handlung der Gretchen-Tragödie von drei Figuren: einmal von dem unzertrennlichen Duo Faust – Mephisto, andererseits von dem jungen Mädchen Margarete. Sie ist in dieser Konstellation die einzige wirklich positive Figur. Gretchen gerät ohne ihr Zutun in den Bannkreis der beiden Hauptfiguren. Sie verliebt sich in Faust und es entsteht eine wechselseitige Liebesbeziehung, an der sie und ihre ganze Familie zugrunde gehen. Gretchen wird durch ihre Beziehung zu Faust zur Gegenspielerin Mephistos. Der Gegensatz bzw. die Gegnerschaft zwischen den beiden ist von Anfang an da, auch wenn

Gretchen sein teuflisches Wesen weitgehend intuitiv erahnt und weniger erfasst. Erst in der Schlussszene kann sie ihrer Antipathie gegen Mephistopheles deutlicher Ausdruck verleihen.

Die übrigen Figuren der Gretchen-Handlung – Valentin und Lieschen bzw. indirekt auch noch das Bärbelchen und die Mutter – sind alle auf Gretchen hin orientiert. Sie dienen im Drama dazu, Gretchens positive Züge zu verstärken, aber auch Gretchens Schuld deutlicher zu akzentuieren. Durch ihre Äußerungen oder ihr Schicksal beleuchten diese Figuren Gretchens existenzielle Problematik. So stirbt die Mutter an einer Überdosis Schlafmittel.

Die Personen der Handlung

Personenkonstellation

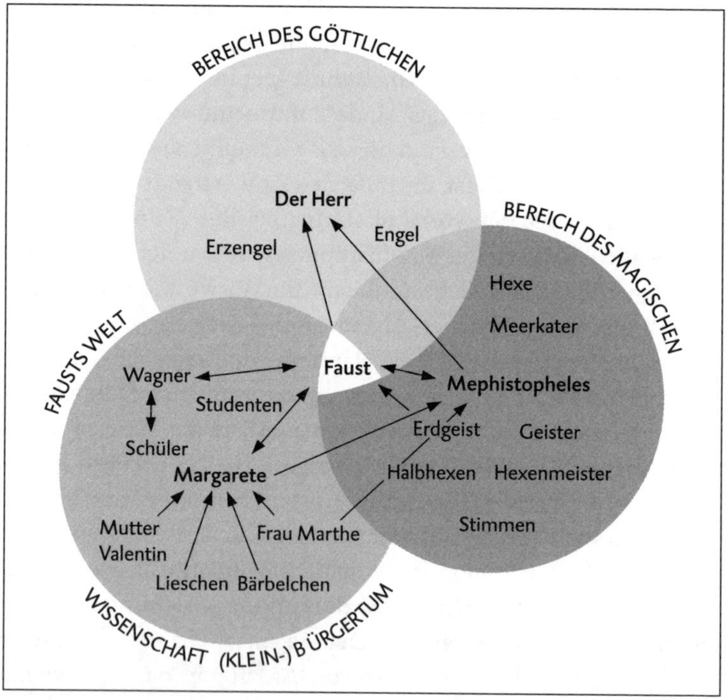

Goethes Grundansicht, dass sich das Allgemeine und damit Allgemeingültige immer nur im ganz Konkreten, Einzelnen zeigen kann, hat Auswirkungen auf die Gestaltung seiner Figuren. Sie sind entworfen als Individuen mit scheinbar ganz eigenen Wesenszügen. Allerdings haben sie immer auch typische, ja symbolische Bedeutung und weisen damit über sich hinaus.

Mephistopheles

Sehr gut erkennbar wird dieses Gestaltungsprinzip an Mephistopheles, auch wenn sich bei ihm das Allgemeine etwas stärker in den Vordergrund drängt. Mephistopheles ist eine schillernde, vielschichtige Figur, in der im Grunde drei Aspekte Satans vereint sind. Er repräsentiert zum einen den **alttestamentarischen Satan**, der als Gottes Widersacher auftritt. Zum anderen hat die Figur auch **Züge des neutestamentarischen Teufels**, der durch den Opfertod Christi bereits überwunden ist. Damit bleibt er auf das irdische Geschehen der Menschenwelt verwiesen und hat letztlich schon verloren, noch bevor er dem Herrn die ‚Wette' anbietet. Schließlich finden sich in der Mephistophelesgestalt auch Züge des **Satans aus dem Volksglauben**. Attribute dieser Teufelsfigur sind vor allem die magischen Kräfte und die Zauberkunststückchen, die Mephistopheles zeigt, z. B. in „Auerbachs Keller" oder bei Fausts und Mephistopheles' Flucht von dort. Auch bei der Beschaffung der beiden Schmuckkästchen für Gretchen ist Magie im Spiel.

Mit Attributen dieser Teufelsgestalt tritt er außer in den genannten Szenen vor allem in der „Hexenküche" und in der „Walpurgisnacht" auf. Mephistopheles spielt dabei auf verschiedene solcher Merkmale an, auch wenn sie für ihn der Vergangenheit angehören, das alte, überholte Teufelsbild nennt er ein „nordisches Phantom" (V. 2497). Zu diesen überkommenen Charakteristika gehören ein „rotes Wams" (V. 2485), „die Hahnenfeder" (V. 2486), die „beiden Raben" (V. 2491) und der „Pferdefuß" (V. 2490), außerdem „Hörner, Schweif und Klauen" (V. 2498).

Albert Bassermann als Mephisto
Deutsches Theater Berlin (1911)

Der Pferdefuß erscheint dabei als unverzichtbares, signifikantes Kennzeichen, das Mephistopheles „nicht missen kann“ (V. 2499). Auf dem Blocksberg, wo die Teufel unter sich sind, wird der Pferdefuß sogar als „Orden“ (V. 4063), als Ehrenzeichen, getragen, denn hier „ist der Pferdefuß […] ehrenvoll zu Haus“ (V. 4065). In der Blocksbergszene spricht Mephistopheles ironisch vom Teufel als einem Wesen, das dem Wandel unterliegt und sozusagen mit der Zeit geht. Er wurde kultiviert, von der Kultur beleckt (V. 2495). Den Satan des Volksglaubens gibt es nicht mehr, der „ist schon lang ins Fabelbuch geschrieben“ (V. 2507). Selbst der Endlichkeit scheint der Teufel unterworfen zu sein, denn Mephistopheles sieht auf dem Blocksberg „auf einmal sehr alt“ aus (Regieanweisung nach V. 4091). Er spricht in seltsamen Andeutungen vom Jüngsten Tag (V. 4092) und davon, dass er „zum letzten Mal den Hexenberg ersteige“ (V. 4093), dass sein „Fässchen trübe läuft“ (V. 4094), d. h. sein Wirken zur Neige geht.

Dass Mephistopheles der **Gegenpol zu Gott** ist, bedeutet allerdings nicht, dass er auch gleichrangig wäre. Mephistopheles versteht sich selbst als Teil eines größeren Ganzen, nämlich jener „Kraft, / Die stets das Böse will und stets das Gute schafft“ (V. 1335 f.). Mephistopheles’ Auffassung von der ‚richtigen‘ Ordnung der Welt zeigt sich auch darin, dass er wie selbstverständlich den Herrn und seine Schöpfung kritisiert und vor allem die sogenannte Krönung dieser Schöpfung, den Menschen, angreift (z. B. V. 280 ff. oder V. 1365 ff.).

Der Herr seinerseits weist Mephistopheles eine untergeordnete Rolle zu. Er soll dem Menschen in göttlichem Auftrag als **Stimulans** dienen, das ihn nicht zur Ruhe kommen lässt. Mephistopheles „darf"(oder muss) als Schalk eine solch antreibende Rolle spielen. Gleichzeitig werden ihm dabei Grenzen gesetzt: „So lang er [Faust] auf der Erde lebt" (V. 315), kann er agieren (V. 336).

Mephistopheles wird dadurch zu einem **Instrument im göttlichen Heilsplan**. Als Geist der Verneinung und des Widerspruchs bildet er das dialektische Moment des Lebens.[9] Mephistopheles ist ‚Diener' und Gegenspieler Gottes zugleich, der aber keine wirkliche Entscheidung herbeiführen und die göttliche Ordnung nicht ernsthaft bedrohen kann. Auch in der Beziehung zu Faust bietet er sich als „Geselle" (V. 1646) und „Knecht" (V. 1648) an. Selbst bei den Teufeln ist er „keiner von den Großen" (V. 1641), sondern nur ein Teil der Finsternis.

Mephistopheles verkörpert das **negative Prinzip eines strengen Nihilismus**, einem Standpunkt absoluter Verneinung, ganz gleich ob dies die Möglichkeit von Wahrheitserkenntnis oder die Gültigkeit ethischer Werte bzw. sozialer Normen betrifft. Als „Geist, der stets verneint", tritt er schon im „Prolog" auf (vgl. V. 338) und als solcher führt er sich auch bei Faust ein (vgl. V. 1338). Mephistopheles ist aber auch das **personifizierte Böse** (vgl. V. 1335 f., 1343) und damit eine metaphysische Gegenmacht zum Herrn, der das Gute repräsentiert. Zugleich sind beide unauflöslich miteinander verbunden. In diesem Sinne stellt sich Mephistopheles Faust als einen „Teil des Teils, der anfangs alles war," (V. 1349) vor. Ein weiterer Aspekt dieses dialektischen Verhältnisses zeigt sich darin, dass Mephisto der „Finsternis" zugeordnet ist (vgl. V. 1350 ff.), im Gegensatz zum göttlichen Licht. Der göttlichen Schöpferkraft setzt Mephistopheles die Zerstörung als sein wahres Element entgegen. Er will das Höchste im Menschen, die Liebe, auf das Niedrigste, die Ebene der Triebe, herabziehen.[10]

Goethe spielt mit verschiedenen Teufelsvorstellungen, nutzt sie als Masken für Mephistopheles und stellt sie dadurch auch ironisch infrage. Sogar in die Rolle „einer lustigen Person" der Komödie schlüpft Mephistopheles immer wieder. Wie diese behält er meist das letzte, kommentierende Wort und macht sich über seinen Herrn, hier also Gott, lustig (V. 2862 ff., V. 3204).

Zynisch, kalt und gefühllos unterstreicht er seine Überlegenheit durch seine betont ironisierende, rhetorische Ausdrucksweise. Doch Mephistos ‚Einseitigkeit' ist zugleich auch Erbärmlichkeit und Beschränktheit, was Faust sofort erkennt: „Ward eines Menschen Geist [...]/Von deinesgleichen je gefasst" (V. 1676). In diesem Sinne ist der **Satan von vornherein der Verlierer** und zwar auf zwei Ebenen: Einmal dem Herrn gegenüber, in dessen Schöpfungsplan er als Schalk eine feste Rolle spielt, der den Menschen nach göttlicher Absicht nicht zur Ruhe kommen lässt (vgl. V. 339 ff.). Aber auch in der Wette mit Faust bleibt Mephistopheles letztlich der Verlierer.

Teuflischer Flirt: Mephisto (Gustav Gründgens) im Zwiegespräch mit Frau Marthe (Elisabeth Flickenschildt); Szenenfoto aus der *Faust*-Verfilmung von 1960

Faust

Faust stellt ebenfalls keinen rein individuellen Charakter dar, sondern **repräsentiert** beispielhaft etwas **Allgemeines**. Er verkörpert kein Prinzip, sondern den Menschen an sich. Dies wird bereits im „Prolog" deutlich, wo wir eine erste Charakterisierung der Figur erhalten. Hier wird immer, wenn von Faust gesprochen wird, auch vom Menschen oder von den Menschen gesprochen. Fausts Lebensweg zeigt, was ihn und die Menschheit aus der Sicht des Herrn auszeichnet: Es ist ein Weg voller Irrtümer und Enttäuschungen, der aber letztendlich doch zum Guten, in die „Klarheit" (V. 309) führt. Denn der Mensch ist mit einem, wenn auch dumpfen, Wissen um den rechten Weg ausgestattet, der ihn schließlich zu Gott bringt.

Doch im „Prolog" wird gleichfalls schon deutlich, dass es verschiedene Sichtweisen auf Faust und damit auf den Menschen gibt. Wenn ihn der Herr als seinen „Knecht" bezeichnet (V. 299), so nennt ihn Mephistopheles einen Toren, der sich dem Göttlichen nahe fühlt, aber mit seiner göttlichsten Gabe, der Vernunft, nichts besseres zu tun weiß, als sich „tierischer als jedes Tier" (V. 286) zu benehmen. Der **Dualismus von Gott und Satan**, von Gut und Böse, von Licht und Finsternis findet sich auch **in Faust**, der Wagner gegenüber selbst von den „zwei Seelen in seiner Brust" spricht (V. 1110 ff.).

Wir begegnen Faust auf der Höhe seiner Schaffenskraft, mit einer erfolgreichen Karriere als Wissenschaftler. Und doch ist er mit dem bisher Geleisteten überhaupt nicht zufrieden, weil er die Grenzen des Schulwissens zu überschreiten versucht und daran immer wieder scheitert. Im ersten Faust-Monolog begegnet uns dieser Gelehrte, wie ihn Mephisto im „Prolog" schon charakterisierte: **immer unzufrieden**, immer auf der Suche nach dem Sinn hinter den Dingen. Über den durchschnittlichen menschlichen Geist hat er sich bereits weit erhoben.

Faust zeigt auch eine gewisse **emotionale Unausgeglichenheit**, ein stetes Schwanken zwischen Euphorie, wie bei der Erdgeistbeschwörung, und tiefer Depression im Anschluss an dessen Zurückweisung. Diese Seelenlagen finden wir auf dem Osterspaziergang wieder. Goethe selbst hält dies für Fausts ausgeprägtesten Charakterzug und nennt ihn „einen Geist, der, sich nach allen Seiten hinwendend, nur um so unglücklicher zurückkehrt“[11].

Fausts Identitätskrise

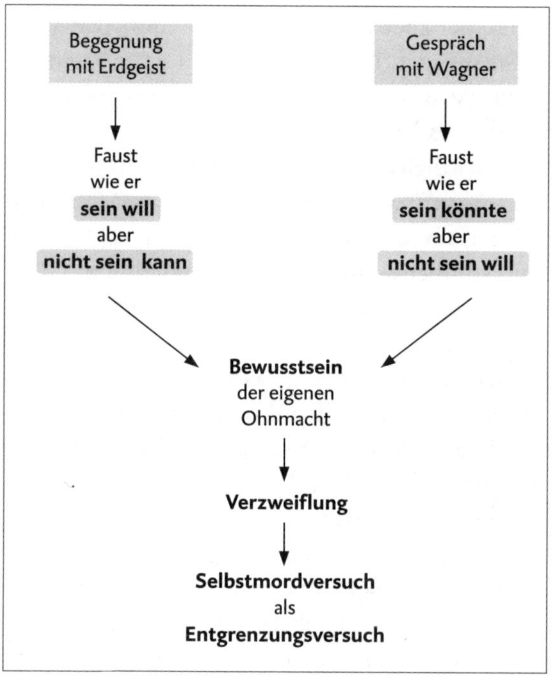

Gretchen

Über Alter und Aussehen Gretchens ist im Text nicht viel zu erfahren. Sie spricht von sich selbst als „jungem Blut“ (V. 2907) und „armem unwissenden Kind“ (V. 3215) und beeindruckt Faust allein durch ihre **jugendlich-unschuldige Erscheinung**.

Wenn er sich auch nach der ersten Begegnung Mephistopheles gegenüber noch recht frivol äußert, so wird Faust beim heimlichen Besuch in Margaretes Kammer doch von der Ausstrahlung dieses einfachen Zimmers beeindruckt. In ihrem ersten Gespräch mit Faust (vgl. V. 3073–3148) erfahren wir etwas über ihre Lebenssituation: Sie lebt zu Hause bei der Mutter und erledigt dort alle anfallenden Hausarbeiten. Margarete hat ein Schwesterchen liebevoll bis zu dessen Tode gepflegt. Der Vater ist schon tot und ein älterer Bruder – Valentin – Soldat.
Das wohlerzogene Gretchen interessiert sich eigentlich noch nicht für Männer. Entsprechend heftig weist sie die ersten Annäherungsversuche zurück, vor allem Mephistopheles' Anspielungen bei der Nachbarin. Andererseits ist sie umso hilfloser der ersten Liebeserfahrung ausgesetzt. Sie bleibt aber auch in dieser Erfahrung an ihre **religiösen und sozialen, kleinbürgerlichen Anschauungen** gebunden. Margarete zeigt durchaus ein Unrechtsbewusstsein, wenn sie aus Liebe zu Faust diese Ansichten und Konventionen beiseiteschiebt und schließlich auch die Konsequenzen dafür trägt.

Gretchen ist in ihrer Grundhaltung **naiv** und wenig reflektiert. Ihre Ausdrucksweise ist eher die Geste (z. B. ihre Liebe) und das Lied bzw. das Gebet. Ihre Einzelauftritte zeigen dies besonders deutlich. Während Faust in Monologen zu tiefen Selbstreflexionen ausholt, äußern sich Gretchens Gefühle und Träume auf eher indirekte, unbewusste Weise. Das Singen dient als Medium, mit dem sie sich über ihre Empfindungen klar wird. Rhythmus und Inhalt der **Lieder/Gebete vermitteln ihre gegenwärtige Gefühlslage** (vgl. V. 2759–2782; V. 3374–3413; V. 3587–3619 und V. 4412–4420). Gretchen ist sensibel und erfasst vieles gefühlsmäßig, z. B. dass jemand in ihrer Kammer war, und auch, in welcher Absicht dies geschah. Sie spürt von der ersten Begegnung an, wer oder was Mephistopheles ist und dass ihr von ihm die eigentliche Gefahr droht. Entsprechend arrogant und niederträchtig redet dieser von ihr. Im Verlauf der Handlung entwickelt sie sich somit zur direkten **Gegenspielerin Mephistopheles'** und erreicht in dieser Entwicklung eine menschliche Größe, mit der sie Faust mindestens ebenbürtig ist. Dies geschieht vor allem dadurch, dass sie ihre Schuld anerkennt, die Strafe auf sich nimmt und nicht mit Faust und Mephistopheles flieht. Margarete zeigt aber auch menschliche Schwächen und ist insofern eine realistische und keine idealisierte Figur. So ist sie für die Schönheit des Schmucks, den sie in ihrer Kammer findet, sofort empfänglich. Sie bringt ihn aber folgsam der Mutter, zieht dafür jedoch auch „ein schiefes Maul" (V. 2827), als diese den Schmuck dem Pfarrer überlässt. Im Gespräch am Brunnen gesteht sie sich selbst eine gewisse Selbstgerechtigkeit und Überheblichkeit ein, da sie früher – vor der eigenen Liebeserfahrung – genau wie Lieschen über ein ‚gefallenes' Mädchen herziehen konnte, ja ihre Altersgenossinnen darin sogar noch übertreffen wollte (vgl. V. 3577 ff.).

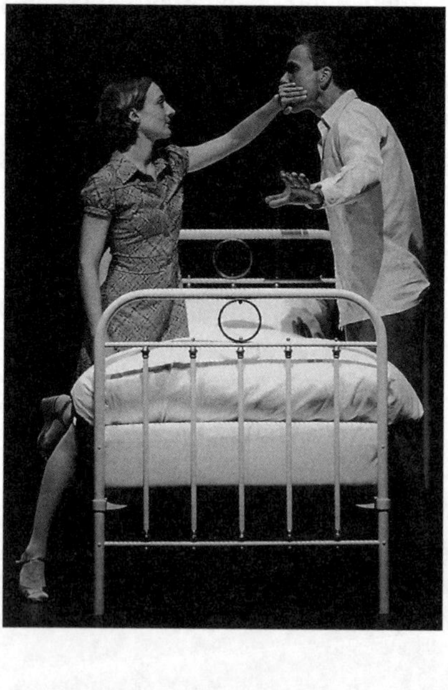

Gretchen (Regine Zimmermann) mit Faust (Ingo Hülsmann) in einer Inszenierung von Michael Thalheimer am Deutschen Theater Berlin 2004

Wagner

Wagner ist **Fausts Famulus** – d. h. sein Assistent als Hochschullehrer – und wohnt offenbar in dessen Haus, denn er tritt mitten in der Nacht in Fausts Zimmer ein. Über Alter und Aussehen erfahren wir kaum etwas. Er wird allein durch seine Verhaltensweisen und seine Dialoge mit Faust charakterisiert.

Wagner ist ein eifriger und fleißiger Assistent. Faust selbst nennt ihn einen „trocknen Schleicher" (V. 521) und legt auf seine Gesellschaft keinen Wert. Wagners einziges Bestreben konzentriert sich darauf, wie ein Schwamm alles erreichbare Wissen aufzunehmen und im gelehrten Gespräch mit Faust wiedergeben zu können. Er nimmt aber an den Gegenständen seiner Studien keinen erkennbaren persönlichen Anteil. Sie ergreifen ihn nicht wie Faust und Wagner setzt sich damit nicht wirklich auseinander. Alles, was er gelernt hat und weiß, hat er aus Büchern anderer Autoren. Es wird **kein eigenes, produktives wissenschaftliches Streben** erkennbar. Wagner instrumentalisiert sein Wissen, um damit Eindruck zu machen (vgl. V. 525) und Macht auszuüben (vgl. V. 533) bzw. sich in der Bewunderung anderer zu sonnen. **Rhetorik** ist ihm vor allem wichtig, weil man damit Effekte erreichen kann (vgl. V. 546). Sein Wissensdrang kommt nicht aus der Seele, zumindest wirft ihm Faust das vor (vgl. V. 535). Im Gespräch auf dem Osterspaziergang zeigen sich bei Wagner deutliche Standesdünkel dem einfachen Volk gegenüber. Dessen laute und spontane Freudenäußerungen erscheinen ihm roh und sind ihm verhasst. Er glaubt an eine feste soziale Ordnung, in der ihm aufgrund seines Bildungsstandes ein gehobener Rang zukommt. Von sich aus sucht er keinen Kontakt, höchstens zu Seinesgleichen.

Wagner hat auch ein ganz anderes Verhältnis zur Natur als Faust. Schließlich kann er mit ihr genauso wenig anfangen wie mit den Menschen. An der Natur sieht er sich schnell satt (vgl. V. 1102) und überhaupt betrachtet er als Wissenschaftler die

Welt nur wie durch ein Fernglas. Sie ist für ihn nur Bücherwelt und geistige Welt. Einen Drang – wie Faust ihn hat – die Grenzen menschlicher Erkenntnismöglichkeiten zu überschreiten, verspürt Wagner nicht, ja er warnt Faust sogar davor.

Wie Faust ist auch Wagner nicht als individueller Charakter gestaltet, sondern **repräsentiert eine bestimmte Wissenschaftsauffassung**. Er vereinigt dabei verschiedene Wissenschaftlertypen in sich. In seinem ersten Auftritt erscheint er als humanistischer Gelehrter des 16. oder 17. Jahrhunderts. Außerdem mischt sich in ihm das Autoritätsdenken des Mittelalters mit einer antikisierenden Rhetorik. Im Osterspaziergang dagegen erscheint er eher als der weltfremde, bürgerliche Gelehrte. Wagner wird auch als Rhetoriker ohne Öffentlichkeit bezeichnet.

4 Sprache und Metrik

Nach der Umarbeitung des *Urfaust* zu *Faust I* ist die Sprache bis auf eine einzige Ausnahme jetzt immer eine **gebundene**, sodass sich eine Untersuchung der Dichtersprache zwangsläufig mit **Metrik** und **Versformen** beschäftigen muss. Dabei zeigt sich schnell, dass es auch im Bereich von Sprache und Klang die gleiche Vielfalt zu entdecken gibt wie bei der Untersuchung der Bauelemente des Dramas. In der Fülle der verwendeten literarischen Formen wie der eingesetzten sprachlichen Mittel unterscheidet sich der *Faust* als Ganzes deutlich von anderen Dramen. „Das Stück vereinigt in sich Altdeutsches und Antikes, Feierliches und Alltägliches, Magie, Gesellschaft, Liebe, Religion [...]“[12]. Und so finden sich im *Faust I* Knittelverse, Blankverse, Madrigalverse, Liedstrophen, Alexandriner und vieles mehr. Hier werden nur die häufigsten und wichtigsten hervorgehoben.

Die eigentliche Faust-Handlung wird in der Szene ‚Nacht‘ mit **Knittelversen** eröffnet, die etwas altertümlich und schwerfällig wirken. Sie entsprechen der Situation, der Umgebung und Fausts Verfassung und unterstützen dessen Heftigkeit, Unzufriedenheit und Unausgeglichenheit wirkungsvoll. Knittelverse sind **vierhebig** mit unregelmäßigen Taktfüllungen. Zwischen den Hebungen können eine, zwei oder drei Senkungen stehen, manchmal aber auch gar keine:

Ha|be| nun,| ach!| Phi|lo|so|phie,
Ju|ris|te|rei| und| Me|di|zin,|
Und| lei|der| auch| The|o|lo|gie!
Durch|aus| stu|diert,| mit| hei|ßem| Be|mühn. (V. 354 ff.)

Der Reim unterstützt die Wirkung der Verse. Goethe verwendet vorwiegend Paarreime. Der Knittelvers wird vor allem Faust, aber auch Gretchen und Valentin zugeordnet. Ebenso sind Teile aus „Auerbachs Keller" oder der Anfang der Schülerszene in Knittelversen abgefasst:

Ich| bin| all|hier| erst| kur|ze| Zeit,
Und| kom|me| voll| Er|ge|ben|heit,
Ei|nen| Mann| zu| spre|chen| und| zu| ken|nen,
Den| Al|le| mir| mit| Ehr|furcht| nen|nen. (V. 1868 ff.)

Dieser Verstyp geht oft in andere Verstypen über. Werden dabei die Vierheber regelmäßig wie die folgenden, zeigt dies oft eine innere Beruhigung an:

Und| fragst| du| noch,| wa|rum| dein| Herz
Sich| bang| in| dei|nem| Bu|sen| klemmt?
Wa|rum| ein| un|er|klär|ter| Schmerz
Dir| al|le| Le|bens|re|gung| hemmt? (V. 410 ff.)

Einem Auftakt folgen in gleichmäßigem Auf und Ab Hebung und Senkung. Der Reim wechselt zum Kreuzreim. Solche regelmäßigen Vierheber können auch übergehen in Verse, die zwar die regelmäßige Abfolge von Hebung und Senkung beibehalten, aber die Taktzahl ändern. So finden sich im folgenden Teil aus Mephistopheles' Rede Vier-, Fünf- und Sechstakter:

Er| soll| mir| zap|peln,| star|ren,| kle|ben,
Und| sei|ner| Un|er|sätt|lich|keit
Soll| Speis| und| Trank| vor| gier'|gen| Lip|pen| schwe|ben;
Er| wird| Er|qui|ckung| sich| um|sonst| er|flehn,
Und| hätt| er| sich| auch| nicht| dem| Teu|fel| ü|ber|ge|ben,
Er| müss|te| doch| zu|grun|de| gehn! (V. 1862 ff.)

Dieser Verstyp mit der **variierten Taktzahl** und damit auch wechselnder Verslänge ist den freien Rhythmen schon sehr ähnlich. Der überraschende Wechsel von Lang- und Kurzzeile ist wie geschaffen für die mephistophelische Sprache mit ihrem witzigen, lässigen Geplauder und ihren pointierten, überraschenden Schlüssen. Man nennt diesen Vers **Madrigalvers**. Er hat sich im 17. Jahrhundert herausgebildet und ist durch Brockes, Gellert und Wieland in die Dichtung der Aufklärung eingeführt worden. Der Madrigalvers als beherrschender Vers des Dramas zeigt einen dauernden Wechsel zwischen Vier- und Fünftaktern – von Goethe überwiegend jambisch gebaut. Die Zahl der Hebungen kann auch geringer ausfallen. Der Madrigalvers ist vor allem der Vers der Gespräche zwischen Faust und Mephistopheles, findet sich aber auch im „Vorspiel auf dem Theater".

Den **freien Rhythmen** dagegen fehlt der gleichmäßige Wechsel von Hebung und Senkung. Sie sind nicht nur in der Verslänge, sondern auch in der Zahl der Taktfüllungen ungebunden. In zuletzt genannter Eigenschaft sind sie dem Knittelvers verwandt, doch kann bei den freien Rhythmen auch der Reim fehlen. Sie sind in jeder Hinsicht ungebunden. Goethe setzt freie Rhythmen vor allem bei leidenschaftlicher Gefühlssprache ein, z. B. bei der Erdgeistbeschwörung oder Fausts Glaubensbekenntnis:

Die| Lam|pe| schwin|det!
Es| dampft!| – Es| zuc|ken| ro|te| Strah|len
Mir| um| das| Haupt| – Es| weht
Ein| Schau|er| vom| Ge|wölb| her|ab
Und| fasst| mich| an!
Ich| fühl's,| du| schwebst| um| mich,| er|fleh|ter| Geist.
Ent|hül|le| dich! (V. 470 ff.)

Die Zahl der Hebungen wechselt in den obigen Zeilen zwischen zwei (vgl. letzte Zeile) und fünf (vgl. vorletzte Zeile). Das Gleiche gilt für die Senkungen zwischen den Hebungen; meist steht eine Senkung, es kommen aber auch zwei oder gar drei vor (vgl. vierte Zeile). Gerade bei den Fünftaktern zeigt sich eine reiche Fülle. Die regelmäßigen Formen sind bezeichnend für das Feierliche; sind sie ungereimt, heißen sie **Blankverse**. Diese sind sehr viel seltener. Auch sie vermitteln eine erhabene, feierliche Stimmung:

Er|hab|ner| Geist,| du| gabst| mir,| gabst| mir| al|les,
Wa|rum| ich| bat.| Du| hast| mir| nicht| um|sonst
Dein| An|ge|sicht| im| Feu|er| zu|ge|wen|det.
Gabst| mir| die| herr|li|che| Na|tur| zum| Kö|nig|reich [...]
(V. 3217 ff.)

Unter den **Liedstrophen** sind vor allem Strophen zu finden, die Goethe dem Volkslied nachgebildet hat. Themen der Volkslieder sind Liebe und Glück, Wanderlust, Tanz und Geselligkeit, Essen und Trinken. Die **Volksliedstrophe** besteht zumeist aus Vierzeilern mit drei oder vier Hebungen. Darüber hinausgehende Strophen weisen meist fünf oder neun Verse auf. Sie verstärken den Eindruck der Schlichtheit und werden von Goethe in dieser Absicht verwendet, z. B. im Lied der ‚Bauern unter der Linde'. Das Lied besteht aus vier Achtzeilern mit einem festen Reimschema (aa b cc dd b). Die Verse sind drei- oder vierhebig, außer dem zweihebigen Vers 6. Alle Verse beginnen mit einem Auftakt. Die Verse 6 und 7 ziehen sich als Refrain durch das ganze Lied:

Der| Schä|fer| putz|te| sich| zum| Tanz,
Mit| bun|ter| Ja|cke,| Band| und| Kranz,
Schmuck| war| er| an|ge|zo|gen.
Schon| um| die| Lin|de| war| es| voll.
Und| al|les| tanz|te| schon| wie| toll.
Juch|he!| Juch|he!
Juch|hei|sa!| Hei|sa!| He!
So| ging| der| Fie|del|bo|gen. (V. 949–956)

Im Trinklied Brandners in „Auerbachs Keller" (V. 2126–2149) verstärkt die Volksliedstrophe die derbe Fröhlichkeit der Trinkkumpane. Auch hier handelt es sich um überwiegend vierhebige Achtzeiler, wobei der Chorus jeweils den achten Vers als Refrain singt. Die Volksliedstrophen in den Liedern Gretchens unterstreichen die Schlichtheit und Naivität des jungen Mädchens. Sie singt ihre Lieder, wenn sie allein ist, und die Liedtexte verweisen auf ihre innere Verfassung. Dies gilt für das Lied vom ‚König von Thule' (vgl. V. 2759–2782) genauso wie für das Lied am Spinnrad (vgl. V. 3374–3413). Ersteres besteht aus sechs dreihebig jambischen Quartetten mit Kreuzreimen. Das andere Lied ist genauso regelmäßig gebaut und besteht aus zehn zweihebigen Quartetten, ebenfalls jambisch im Metrum.

Zu ergänzen bleibt noch die einzige **Prosaszene**, die aus dem *Urfaust* in dieser Form erhalten blieb. Für diese Szene setzt auch die Verszählung aus. Die Prosaszene liegt zwischen dem „Intermezzo“ und der Szene „Nacht, Offen Feld“. Nachdem das „Intermezzo“ verklungen ist, befindet sich Faust in „Trüber Tag. Feld“ wieder in der Realität. Von Gretchens Schicksal, das sich in der Zwischenzeit vollzieht, hören wir nur das Echo dessen, was die lange Trennung von Gretchen und die Vision auf dem Blocksberg in Faust bewirkt. Endlich ist sein besseres Ich ins Bewusstsein vorgedrungen und drückt seine Entrüstung im Dialog mit Mephistopheles aus. Sprachlich zeigt sich dies an Ausrufen und Beschimpfungen, die sich weder Reim noch Metrum fügen.

5 Zentrale Aspekte und Motive

Fausts Streben

Das unermüdliche Streben Fausts nach letzter und höchster Erkenntnis ist nicht nur ein wichtiges Motiv, sondern auch dramaturgisch von großer Bedeutung. Denn es treibt die Handlung voran, natürlich unter der Prämisse dessen, was im „Prolog“ zwischen Mephistopheles und dem Herrn ausgemacht wurde. Dort wird das **Streben als Motiv** in die Handlung eingeführt, zunächst allerdings durch Mephistopheles und noch indirekt.

In der für ihn typischen, zynisch herabsetzenden Art stellt Mephistopheles menschliches und damit auch Fausts Streben als eine ziellose und sinnlose Neugier dar: „In jeden Quark begräbt er seine Nase.“ (V. 292) Dem setzt der Herr die positive Seite dieser so menschlichen Eigenschaft entgegen. Von ihm wird auch die unauflösbare **Verknüpfung** von **Streben** und **Irrtum** mit eingebracht: „Es irrt der Mensch so lang er strebt.“ (V. 317) Der Herr kennt auch das konkrete Ziel dieses manchmal so verworrenen Strebens, denn selbst wenn Faust seinem Drang nach Erkenntnis nur unbewusst, quasi blind, folgt, so wird er am Ende seiner Suche bei Gott ankommen. Das Streben nach Gott ist somit etwas Notwendiges, ohne das der Mensch seine eigene Natur verfehlt; ein Ziel, das aber gefährdet ist, denn „des Menschen Tätigkeit kann allzu leicht erschlaffen" (V. 340).

Das Streben bestimmte, ja lenkte den gesamten Verlauf von Fausts Leben als Wissenschaftler, doch im Eingangsmonolog muss er eine sehr pessimistische Bilanz ziehen: „Da steh ich nun, ich armer Tor! / Und bin so klug als wie zuvor" (V. 358 f.). Alle Enttäuschung lässt Faust aber nicht resignieren und nicht ruhen; er strebt weiter, sucht neue Wege: die Magie, den Teufelspakt, die Liebe, vorerst mit immer demselben unbefriedigenden Ergebnis. Am Ende von *Faust I* ist der Titelheld noch lange nicht am Ziel seiner Suche angelangt. Auch sein Streben hat keineswegs nachgelassen, denn bereits am Anfang des zweiten Teils beschließt er wieder, „zum höchsten Dasein immerfort zu streben" (V. 4685). Am Ende der gesamten Faust-Handlung wird dieses unstillbare Verlangen schließlich zur Voraussetzung für Fausts Erlösung: „Wer immer strebend sich bemüht,/ Den können wir erlösen." (V. 11936 f.)

Der Augenblick

Im ersten Teil ist der **Augenblick** das **Zentrum** der **Wette**, für die Faust den angebotenen Pakt geschlossen hat.

Werd ich zum Augenblicke sagen:
Verweile doch! du bist so schön! (V. 1699 f.)

Dieser Augenblick – der, wie wir sehen werden, eher ein Zustand ist – bleibt Fausts Ziel, das er im ersten Teil des Dramas aber nie wirklich erreichen wird. Auch in dem Moment, in dem er die Wette abschließt, verspricht er sich nicht viel Erfolg: „Was willst du armer Teufel geben?" (V. 1675), fragt er Mephistopheles, denn Faust ist sich ziemlich sicher, dass dieser seinen metaphysischen Hunger nicht stillen kann. Er hat im Satz davor schon ausgedrückt, was er nicht will: Bequemlichkeit, zufriedene Selbstgefälligkeit sowie sinnlichen Genuss und genau das bietet ihm Mephistopheles. Sollte Faust sich je damit zufrieden geben, dann wäre er nicht mehr er selbst.

Unmittelbar vor seinem Ende, im fünften Akt des zweiten Teils greift Faust den Wortlaut des ersten Zitats noch einmal auf:

Zum Augenblicke dürft' ich sagen:
Verweile doch, du bist so schön!
Es kann die Spur von meinen Erdetagen
Nicht in Äonen untergehn. –
Im Vorgefühl von solchem hohen Glück
Genieß' ich jetzt den höchsten Augenblick.
(Faust sinkt zurück) (V. 11581 ff.)

Zwischen diesen beiden Zitaten erstreckt sich die gesamte Faust-Handlung. Der „schöne", der „höchste" Augenblick ist dabei keineswegs ein punktuelles, zeitliches Hier und Jetzt, sondern ein **Moment der Ewigkeit** und Unvergänglichkeit, in dem Vergangenheit, Gegenwart und Zukunft zusammenfallen. Der zum „Verweilen" einladende Augenblick hält Vergangenes („die Spur von meinen Erdetagen") fest, beinhaltet Gegenwart („verweile doch [...]") und bezieht Zukünftiges („nicht in Äonen untergehn") mit ein. Der **Augenblick ist verdichtete Ewigkeit**, in dem Faust Gott nahe ist und sein Menschsein hinter sich gelassen hat. Es ist somit ein Moment der Gottesschau, in dem im Besonderen das Allgemeine erkannt wird. Damit ist der Augenblick – ganz im Sinne von Goethes Definition – ein **zentrales Symbol** des Stückes.

Höchste Augenblicke verwirklichen sich z. B. im Bereich der Liebe (zu Gretchen), im Akt der Erkenntnis (von Helenas Vollkommenheit) und im Bereich des tätigen Wirkens (am Ende des zweiten Teils). Diese Augenblicke sind für Goethe Momente der **Selbstverwirklichung** des Menschen und stets mit dem Gefühl des Glücks, der Lust, vor allem aber der Freude verbunden.

Die Magie und das Dämonische

Goethe selbst hat sich – wie Bekannte berichten – zu verschiedenen Zeiten immer wieder mit Magischem beschäftigt.

In *Faust I* tritt **Magie erstmals** bei der **Erdgeistbeschwörung** als Motiv in Erscheinung. Magie ist hier die Fähigkeit und das Bemühen des Magiers, in die Geisterwelt vorzudringen (vgl. V. 442), wobei sich dem Magier die Kräfte (vgl. V. 439) und die Zusammenhänge der Natur (vgl. V. 447 ff.) erschließen. Der Magier kann die Geister mit bestimmten rituellen, formelhaften Worten beschwören und sie dazu bringen, sich zu erkennen zu geben. Dabei will er zu eigenen Zwecken und Zielen Macht über sie gewinnen. So versucht Faust, mithilfe des Erdgeistes seine Erkenntnis des Weltganzen und seiner Zusammenhänge zu erweitern. Die Magie soll dazu seine Kräfte stärken (vgl. V. 462).

Es gelingt ihm auch, den Geist zu beschwören, aber sich ihm gleichzustellen, ihn sich dienstbar zu machen, misslingt gründlich (vgl. V. 623 ff.). Aus der Magie neue, gesteigerte Kräfte zu schöpfen, versucht Faust in der Folge mehrmals. So ist auch beim Trank aus der Phiole (vgl. V. 686–736) Magie mit im Spiel, denn es geht Faust nicht in erster Linie darum, seinem Leben ein Ende zu setzen, sondern durch die magische Kraft des Trankes die Grenzen seines Daseins zu erweitern bzw. zu überschreiten. Faust scheitert, hier wie auch im nächsten Fall, jedes Mal als Magier, z. B. als er dem sich bedrohlich vergrößernden Pudel mit Magie – „Salomonis Schlüssel" – begegnen will (vgl. V. 1258–1321). Gleich darauf meint er sogar, den Teufel gefangen zu haben. Gerade in der Szene mit dem Pudel zeigt sich am deutlichsten das Ziel der Magie, nämlich mithilfe geheimer Zauberformeln Herrschaft über die Elemente bzw. über die Geister, die sie verkörpern, zu erlangen. Hier sind es „Salamander", „Undene" und „Sylphe" als Elementargeister in Feuer, Wasser, Luft und Erde und der Kobold „Incubus".

Erfolgreich angewandt wird **Magie** nicht von Faust, sondern z. B. von der **Hexe** bei Fausts Verjüngung. Der Kontext –

Gläser klingen, Kessel tönen, beim Trinken entsteht eine leichte Flamme – zeigt, dass magische Kräfte am Werk sind. Die Verjüngung verändert nicht nur Fausts Aussehen, sie entreißt ihn auch dem Alterungsprozess, d. h. der Zeit.

Rembrandt van Rijn: „Magier"
Goethe ließ sich von dieser Radierung bei der Gestaltung des Faust inspirieren und verwendete sie auch als Vorlage für das Titelkupfer des Faust-Fragments.

Damit verliert Faust zugleich ein Stück Menschlichkeit und entfremdet sich seiner göttlichen Natur. Ein erfolgreiches Überschreiten der menschlichen Existenzbedingung – wie bei Fausts Verjüngung – ist immer **mit Mephistopheles verbunden**. Mit seiner Hilfe kann Faust mühelos Zeit und Raum überwinden: z. B. nach der Schülerszene (vgl. V. 2065 ff.), nach „Auerbachs Keller" (vgl. V. 2321), nach Valentins Tod (vgl. V. 3712 ff.) und kurz vor der Kerkerszene (vgl. Prosaszene und V. 4399 ff.).

Gleichfalls in Verbindung mit Mephistopheles steht der Umschlag ins Negative, Bedrohliche, zum **Dämonischen**. ‚Daimon' bezeichnet im Griechischen Gottheit, Geist, meist niedere, böse Geister, aber auch personifizierte Naturgewalten. Vor allem in diesem Sinne tritt in *Faust I* das Dämonische in Erscheinung – in den Szenen „Hexenküche" und „Walpurgisnacht". In beiden Szenen herrscht eine unheilvolle, bedrohliche Atmosphäre und es reduziert sich ein guter Teil des Treibens auf das Triebhafte, Obszön-Sexuelle. Damit wird die unkontrollierte Seite im Menschen betont, die in Faust geweckt werden soll. Der Mensch nähert sich damit wieder dem Tier, und das Tier, wie z. B. die Meerkatze in der „Hexenküche" will menschlich werden. Man assoziiert Mephistopheles' Charakterisierung des vernunftbegabten Menschen, „tierischer als jedes Tier zu sein" (V. 286).

6 Interpretation von Schlüsselszenen

Im Folgenden werden vier Szenen ausführlich untersucht, die für die Dramenhandlung von zentraler Bedeutung sind, da sie entscheidende Stationen des *Faust I* beleuchten. Dem „Prolog" kommt eine rahmenbildende Funktion zu. Er erklärt die innere Logik der Dramenhandlung. Die Paktszene bzw. der Pakt treibt die weitere Handlung voran. Das sogenannte Religionsgespräch beleuchtet das Liebespaar der Gretchen-Handlung, die in der Kerkerszene ihren endgültigen und tragischen Abschluss findet.

Prolog im Himmel (V. 243 – 353)

Die Szene eröffnet die eigentliche **Dramenhandlung**. Mit dem „Prolog" wird – im Vergleich zur vorigen Szene – auch die Handlungsebene gewechselt. Dies erkennt man schon daran, dass die zwei Hauptakteure des ganzen Dramas die Bühne betreten: Mephistopheles in persona, Faust vorerst nur indirekt, insofern im „Prolog" über ihn gesprochen wird. Die Szene spielt im Himmel. Von dort richtet sich der Blick des Betrachters auf die Erde, den eigentlichen Handlungsort des Dramas. Auf der Bühne anwesend sind der Herr, die himmlischen Heerscharen, aus denen die drei Erzengel hervortreten, und Mephistopheles, der bald hinzukommt.

Die **Erzengel** Raphael, Gabriel und Michael setzen mit ihrem **Loblied** die Handlung des Prologs in Gang. Sie preisen in feierlichen, hymnischen, vierhebigen Jamben Größe und Vollkommenheit der göttlichen Schöpfung:

Die| Son|ne| tönt| nach| al|ter| Wei|se
In| Bru|der|sphä|ren| Wett|ge|sang,
Und| ih|re| vor|ge|schrieb|ne| Rei|se
Voll|en|det| sie| mit| Don|ner|gang. (V. 243 ff.)

Mit den Wörtern „tönt", „Wettgesang" und „Donnergang" greift Goethe die Vorstellung der **‚Sphärenharmonie'** von Pythagoras auf, nach der sich die Himmelskörper auf harmonisch angeordneten Sphären bewegen und dabei Töne erzeugen, die der Mensch nur nicht mehr wahrnehmen kann. Gabriel und auch die beiden anderen Erzengel preisen die göttliche Schöpfung als ein „unbegreiflich hohes Werk" (V. 249), das selbst den Erzengeln nicht zugänglich ist. Genau diese, schon hier als unerreichbar bezeichnete Erkenntnis ist aber das Ziel von Fausts – damit von vornherein vergeblichem – Streben. Gabriel spricht vom Schöpfungsakt der Erde, von der Trennung von Nacht und Tag, von Wasser und Land. Michael schließlich preist die Naturgewalten.

Ein Werk der göttlichen Schöpfung ist bisher noch nicht genannt worden: der Mensch. Diesen hat sich Mephistopheles, der sich in den Lobgesang der Erzengel einmischt, zum Thema gewählt. Von Anfang an tritt er als ein Gegenpol zum Herrn in Erscheinung. Er bezeichnet sich zwar als Teil des göttlichen „Gesindes" (V. 274), doch will er nicht in das Loblied einstimmen. Der Herr sagt ihm das auf den Kopf zu: „Kommst du nur immer anzuklagen?/Ist auf der Erde ewig dir nichts recht?" (V. 293 f.) Mephisto hält den Teil der Schöpfung, von dem er spricht, für äußerst unvollkommen. Der Mensch fühle sich zwar als „kleiner Gott der Welt" (V. 281), sei aber nur „wunderlich" (V. 282) und könnte „besser [...] leben" (V. 283), wenn er nicht mit „Vernunft" begabt wäre (vgl. V. 285). Die Vernunft, genauer gesagt der falsche Gebrauch, den der Mensch davon macht, ist für Mephistopheles der eigentliche Grund aller menschlichen Misere, denn die Vernunft mache den Menschen „nur tierischer als jedes Tier" (V. 286) und stelle ihn somit noch unter das Tier. Denn im Gegensatz zum Tier habe der Mensch durch seinen Willen die Möglichkeit, vernünftig zu handeln. Das Tier könne gar nicht anders als triebgesteuert, d. h. unvernünftig handeln. Die Menschen lebten auf einem so jämmerlichen Niveau, dass selbst der Teufel sie nicht „plagen" will. Mit Mephistopheles' Rede **wechselt das Metrum**. Die fünfhebigen Verse sind zwar am Anfang von Mephistopheles' Rede – gewissermaßen in Anlehnung an die getragenen Worte der Erzengel – noch regelmäßig und in Kreuzreimen abgefasst. Doch ändert sich ab V. 281 ff. Mephistopheles' Rede. Sie wird schnell zum ironisch wirkenden **Madrigalvers**. Der Herr selbst spricht das **eigentliche Thema** des „Prologs" an: „Kennst du den Faust?" (V. 299) In der Diskussion um Faust und um den Menschen im Allgemeinen werden **zwei Menschenbilder** deutlich. **Mephistos** Sicht auf den Menschen

erniedrigt diesen. Er bemüht dabei eifrig Tiermetaphern: „tierischer als jedes Tier" und die „Zikade", denn der Mensch ist nach Mephistopheles wankelmütig und unstet. Sich einmal mit dem und einmal mit jenem beschäftigend, ist er neugierig und kümmert sich um Dinge, von denen er eigentlich nichts versteht. Er ist außerdem maßlos in seinen Wünschen und Forderungen: „Vom Himmel fordert er die schönsten Sterne,/Und von der Erde jede höchste Lust" (V. 304 f.) – und schwankt zwischen Extremen, ohne wirklich eine Entwicklung durchzumachen. Dem stellt der **Herr** ein ganz anderes, teleologisches, d. h. mit einem festen Ziel verbundenes Menschenbild entgegen. Er verdeutlicht hier Goethes Entelechiegedanken (echein: heben, telos: Ziel) von der unvermeidlichen Aufwärtsentwicklung des Menschen zu Gott hin: Der Herr blickt wohlwollend und gütig auf den Menschen, in der Gewissheit, dass dieser Mensch den Weg zu seinem Ursprung finden wird, der zugleich das Ziel, nämlich Gott ist. Der Herr spricht statt vom sprunghaften, zikadenhaften Wechsel von einem Gegenstand zum anderen lieber von Irrtum und macht diesen zum Wesensmerkmal des Menschen, das ihn – neben der Vernunft – vor allen anderen Geschöpfen auszeichne. Das **zweite**, mit dem Irrtum eng verknüpfte **Charakteristikum** des Menschen ist sein **Streben nach Erkenntnis**, das für den Herrn genauso zum Menschen gehört. Er fasst seine Sicht des Menschen auch in das Bild von dem in der Obhut des erfahrenen Gärtners heranwachsenden „Bäumchen" (V. 310 f.). Dieses Bild enthält ebenfalls die Vorstellung von einer Steigerung bzw. Höherentwicklung des Menschen. So wie das Bäumchen seine Bestimmung erreicht hat, wenn es zum großen, Frucht tragenden Baum herangewachsen ist, so hat der Mensch seine Bestimmung erreicht, wenn er den Weg in die „Klarheit" (V. 309), zu Gott gefunden hat. Dabei trägt der Mensch dieses Ziel – wenn auch noch unbewusst – von Anfang an in sich.

Das Menschenbild im Prolog

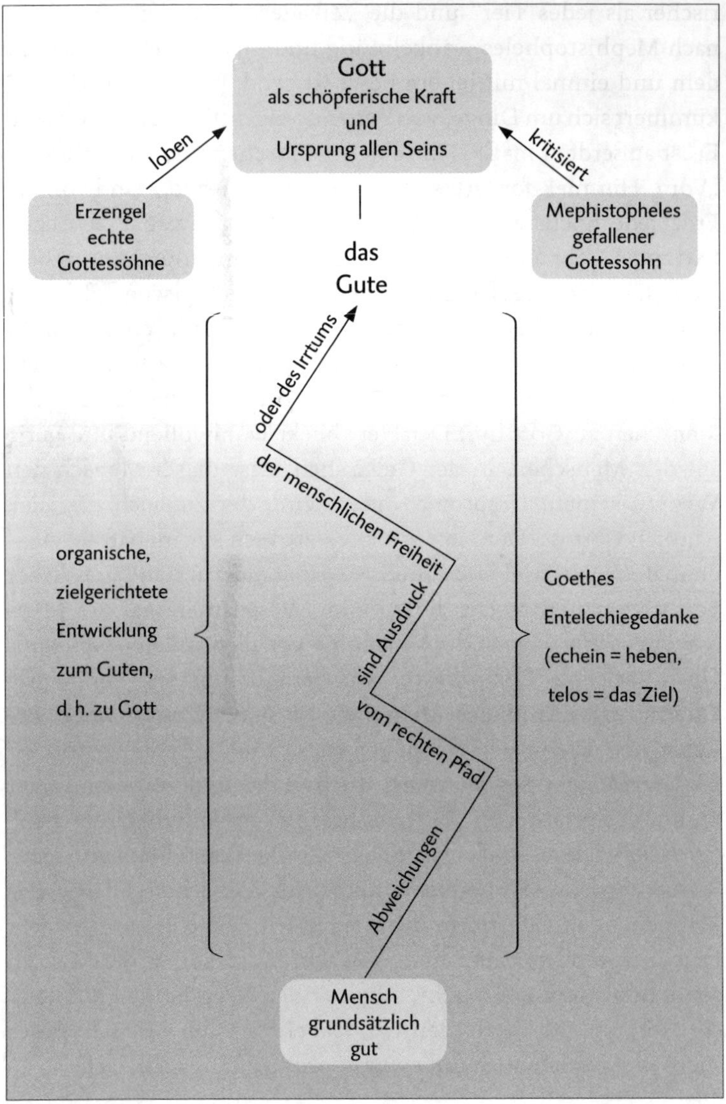

ausgeleuchtet. Es gab Spekulationen darüber, wie er nach seiner Pleite und seinem Untertauchen wieder zu so großen finanziellen Mitteln gekommen war.

Palmer zog die Konsequenzen und blieb fortan als Drahtzieher im Hintergrund. Eine Rolle, die ihm auf den Leib geschrieben war. Abgesehen von einem kurzen Einsatz, bei dem sie als Maurer und Maler in St. Moritz engagiert waren, ließ Palmer JC und Seven gewähren. Sie konnten sich voll auf ihre Aufgabe als Segler konzentrieren. Obwohl Palmer im Jahr 2000 an der erfolgreichen Titelverteidigung der Kiwis mit erheblichen finanziellen Mitteln und überragenden technischen Lösungen maßgeblich beteiligt war, zog er sich danach erneut vom Team zurück. Er hatte sich mit der Leitung überworfen, weil diese ihn bei einigen Entscheidungen übergangen hatte.

JC und Seven erhielten kurz darauf ein Angebot des Schweizers Mombelli, der dabei war, ein schlagkräftiges Team auf die Beine zu stellen. Palmer hatte nichts dagegen einzuwenden, da er beschlossen hatte, die Kiwis unter diesen Bedingungen nicht mehr zu unterstützen.

Drei Jahre später, nachdem das Team New Zealand von den Schweizern deklassiert worden war und das Bild des geknickten Masts der stolzen Jacht sinnbildlich für das geknickte Ego einer ganzen Nation um die Welt gegangen war, hatte Palmer ein Einsehen und nahm seine Tätigkeit im Hintergrund wieder auf.

Wie Phönix aus der Asche sollten die Neuseeländer stärker und stolzer als je zuvor zum Erfolg zurückkehren. Palmer setzte einen erfahrenen Mann als CEO ein und hauchte dem Team mit der finanziellen Unterstützung seiner Geschäftsfreunde aus dem Nahen Osten wieder Leben ein. Damit nichts schiefgehen konnte, beließ er Seven und JC im gegnerischen Team, wo sie gemeinsam mit den Spezialisten unauffällig dafür sorgen sollten, dass die Neuseeländer einen knappen Sieg davontragen würden.

Seven und JC hatten schon früh dafür gesorgt, dass sämtliche Pläne und Daten den Weg zu Palmer fanden. So hatten es die Schweizer schließlich mit einem ebenbürtigen Gegner zu tun, der im entscheidenden Moment zusätzlich auf die diskrete Hilfe von zwei Maulwürfen zählen konnte. Es war alles so vorbereitet worden, dass nichts schiefgehen konnte.

JC und er selbst hatten während ihrer Ausbildung und auch bei Einsätzen in Krisengebieten Spionageaktionen unter Lebensgefahr durchgeführt. Dagegen war das Kopieren von Plänen und anderen Betriebsgeheimnissen bei den Schweizer Seglern ein Kinderspiel.

Es war in ihrem Team auch niemals irgendein Verdacht aufgekommen. Sie beide hatten das uneingeschränkte Vertrauen des ganzen Teams genossen. Klar hatten nicht einmal sie überall Zutritt gehabt, aber wenn sie Interesse für bestimmte Details, etwa beim Wetterdienst, gezeigt hatten, wurde ihnen das positiv ausgelegt, und man ging davon aus, dass sie sich wirklich für die Sache interessierten. Die Vorbereitungsarbeiten waren ohne Komplikationen und zur vollen Zufriedenheit Palmers erfolgt.

Mit überlegenem Material und ebensolcher Taktik hatten sich die Kiwis im Frühling souverän für den America's Cup qualifiziert. Seven und JC konnten sich an ihre Aufgabe an Bord machen. In der Startphase mussten sie, möglichst unauffällig, dafür sorgen, dass ihr eigenes Team einen schlechteren Start erwischte. In der Hektik fiel es niemandem auf, dass Seven nur mit halber Kraft kurbelte, und auch JC zeigte auf seinem Posten, trotz verbissenen Gesichtsausdrucks, nicht seine beste Leistung.

Natürlich mussten sie dabei aufpassen, dass sie nicht auffielen, was insbesondere JC schwerfiel, da er sein Team mit seiner Ausschau nach möglichst wenig Wind mehrmals in große Schwierigkeiten gebracht hatte. Seven war schließlich von einigen anderen Mitgliedern gefragt worden, was eigentlich mit JC los sei. Danach hatte JC etwas zurückstecken müssen.

Unglaubliches Pech der Kiwis und am Schluss auch noch ein zu aggressives Verhalten des Skippers verhinderten aber schließlich den angestrebten knappen Sieg der Neuseeländer. Ihre Mission war gescheitert. Palmer hatte ihn am Abend vor der siebten Regatta noch zu sich bestellt und ihn erschüttert darüber informiert, dass JC Maßnahmen getroffen habe, um die ganze Sache auffliegen zu lassen. Zwar hatte er ihm nicht konkret anvertraut, was JC genau gegen ihn unternommen hatte, aber es stand Seven auch nicht zu, Palmer irgendwelche Fragen zu stellen. Der Gedanke, dass Palmer ihn anlügen könnte, um seine Freundschaft mit JC zu erschüttern, kam ihm nicht. Auch wenn er selbst ein verlogener Hund sein konnte und obwohl er Palmer genau kannte, war er ihm gegenüber niemals kritisch gewesen. Er schuldete Palmer zu viel …

Mit betroffenem Gesichtsausdruck und gleichzeitig innerlich frohlockend über seine eigene Bosheit, vertraute Palmer Seven an, dass auch er selbst von JC verraten worden sei. Sie hatten beide, als sie vor zwei Jahren nach Valencia gekommen waren, großes Interesse an Mombellis Kindermädchen Dolores gezeigt und sich um sie bemüht. Palmer erzählte mit belegter Stimme, dass JC Dolores gegenüber die Sache mit der Vergewaltigung in Thailand erwähnt hatte, in die Seven vor Jahren verstrickt gewesen war. Dies erklärte im Nachhinein das plötzliche Abkühlen von Dolores' Interesse. Es war Seven damals enorm schwergefallen, JC mit dieser Frau zusammen zu sehen, da es das erste Mal für ihn gewesen war, dass sich eine Frau für JC statt für ihn interessiert hatte.

Zwar hatte auch JC immer schöne Mädchen gehabt, aber er graste stets nur die Wiesen ab, auf denen Seven vorher schon geweidet hatte. Die Tatsache, dass sich erstmals eine Frau zugunsten von JC gegen ihn entschieden hatte, nagte seit Langem an Sevens Ego.

Seven hatte gekocht vor Wut und wollte JC noch am gleichen Abend zur Rede stellen, aber Palmer besänftigte ihn und versicherte ihm, dass die Zeit der Rache noch früh genug kommen würde. Immer noch außer sich vor Zorn hatte Seven sich danach seine Rolle in Palmers Plan B angehört. Er war sich mit Palmer einig gewesen, dass JC bestraft werden musste. Seven wusste, dass Palmer es nicht duldete, wenn man ihn hinterging. Dolores den Brief zu schicken war dumm von ihm gewesen und so betrachtet hatte ihr Tod ihm das Leben gerettet, wofür er nun sogar etwas Dankbarkeit verspürte.

Polizeipräsidium Valencia, 8.00 Uhr

Als García um 7.00 Uhr ins Büro gekommen war, lag der Bericht der Spurensicherung bereits auf seinem Schreibtisch. Man hatte außer dem Kokain keine verdächtigen Spuren gefunden und konnte sich deshalb nicht erklären, wonach die Einbrecher gesucht hatten. Es konnte auch einfach sein, dass jemand über die Medien mitbekommen hatte, dass Dolores im Spital war, und deshalb nach Wertsachen oder Bargeld gesucht hatte, das er bei einer Person vermutete, die so nahe am großen Geld dran war.

Jedenfalls brachte der Bericht ihn in seinem Fall nicht weiter und er schaute betrübt auf die Kisten, die man von Dolores' Wohnung ins Polizeipräsidium geschleppt hatte. Er hatte keine Hoffnung mehr, dass er darin irgendetwas finden würde, entschloss sich aber trotzdem, seine Leute damit zu beauftragen, alles gründlich durchzusehen, um jeden Zweifel ausschließen zu können. Auch sonst machte er sich keine Illusionen. Es würde ein langwieriger Fall werden, und wie bisher würden alle Spuren irgendwo im Sand verlaufen oder keinen Sinn ergeben.

„Guten Morgen allerseits!“, begrüßte er knapp die Anwesenden und ging kurz die Punkte der Sitzung durch. Nachdem er über seinen nächtlichen Einsatz berichtet und danach Carmen damit beauftragt hatte, das sichergestellte Material aus Dolores' Wohnung auszuwerten, erteilte er Fuentes das Wort.

„Die Filme des alten Mannes sind von sehr guter Qualität, sodass wir uns von der Sichtung des Materials einiges erhoffen. Nachdem wir während der letzten Nacht die Bilder vor und während der Pokalübergabe genau angesehen haben, können wir vielleicht mit der Hilfe eines Insiders, der die Leute kennt, Ungereimtheiten aufdecken.“ – „Aber die sind doch alle zu ihrer Homecoming Tour in die Schweiz geflogen“, meinte García skeptisch. – „Ja, aber vom Administrationsteam sind die meisten noch hier. Dort läuft's im Moment rund. Ich habe bereits jemanden mit den nötigen Kenntnissen angefordert.“

Als Fuentes seinen Bericht abgeschlossen hatte, ging García erneut auf den Vorschlag der Kollegin ein, die angeregt hatte, dass man sich über das Umfeld des Gegners noch besser informieren sollte. Er beauftragte Ramírez und Ortega, die mit den Befragungen am Telefon und den Ermittlungen bei Mombellis Team fertig waren, sich darum zu kümmern. Zum Abschluss kündigte García an, dass Fuentes den nächsten Rapport leiten würde, und entließ seine Mitarbeiter.

London, Hotel Savoy, 7.00 Uhr

Sie hatte die ganze Nacht wach gelegen und dabei darüber nachgedacht, wie es überhaupt so weit hatte kommen können, aber auch darüber, wie es nun weitergehen sollte. Eines wusste sie mit Sicherheit. Sie wollte kein gemeinsames Kind mit Palmer.

Als sie nach ihrer letzten Nacht in St. Moritz in der Klinik gelegen hatte, war Palmer regelmäßig zu Besuch gekommen und hatte ihr klargemacht, dass sie ab sofort ihm gehören würde. „Du weißt jetzt, wie ich mit Leuten umgehe, die mich hintergehen. Du musst dich jetzt erholen und zu Kräften kommen, mein Schatz. Was mit dir passiert, wenn du redest, willst du gar nicht wissen."

Eva hatte seither geschwiegen.

Als sie aus der Klinik entlassen wurde, nahm Palmer sie mit sich. Sie hatte in den vergangenen acht Jahren in Palmers goldenem Käfig gelebt. Am Anfang hatte er sie erniedrigt und im Gegensatz zu früher kein gutes Wort für Eva gefunden, sie Hure genannt und sie auch so behandelt. Eva war voller Angst, Verzweiflung und Ekel vor Palmer gewesen. Sie hatte sich schuldig am Tod ihres Bodyguards gefühlt und nahm dieses Leben als gerechte Strafe in Kauf.

Ihre Kindheit, ihre Jugend war unwiederbringlich verloren. Sie war ja auch selbst schuld. Sie hatte alles unternommen, um ihr Leben bei Palmer nicht zu verlieren. Jetzt war sie an ihn gekettet und sie wusste, dass sie ihn nur loswurde, wenn er starb oder von ihr genug hatte. Was das für Konsequenzen haben würde, wollte sie sich nicht vorstellen.

Allmählich erhielt sie wieder mehr Freiheiten, aber sie stellte schnell fest, dass sie niemals unbeobachtet irgendwohin ging. Palmer begann auch, sie auf die Probe zu stellen, was sie nicht sonderlich überraschte, aber auch nicht belastete. Sie wusste, dass sie einen Fehltritt gegenüber Palmer mit enormen Qualen, wenn nicht gar mit dem Leben bezahlen würde.

Eva begann mit den neuen Freiräumen auch wieder eigene Interessen wahrzunehmen. Sie fing erneut damit an, Palmer gefällig zu sein. Dieser behandelte sie zusehends besser und ließ sie bisweilen sogar ohne Bewachung etwas unternehmen. Eva war nun nicht mehr nur Palmers Hure, die ihm seine Wünsche jederzeit und bedingungslos zu erfüllen hatte, sie gewann zusehends sein Vertrauen zurück, und schließlich fing er sogar damit an, sie neben sich die Nacht verbringen zu lassen, was er noch keiner ihrer Vorgängerinnen gestattet hatte.

Sie war gerade zwanzig Jahre alt geworden, als sie die erste Nacht mit Palmer verbrachte, der sie zuvor drei Jahre lang auf alle möglichen und unmöglichen Arten bestiegen hatte. Mit einem Gefühl von Angst, aber auch Neugierde lag sie neben dem Mann an ihrer Seite, der bald darauf fürchterlich zu schnarchen anfing. Sie betrachtete den gut gepflegten und chirurgisch auf ein Maximum verjüngten Greis, der röchelnd neben ihr lag. An Schlaf war nicht zu denken.

„Das wollte ich nicht, mein Liebling. Es hätte ganz anders kommen sollen“, fing er plötzlich an zu sprechen, und Eva brauchte einen Moment, bis sie realisierte, dass Palmer im Schlaf sprach. – „Wie hätte es denn kommen sollen?“, fragte sie ihn vorsichtig und ängstlich zugleich.

Sie war überrascht, als Palmer ihr antwortete: „Ich habe nie daran gedacht, jemals mit dir zu schlafen. Deine Mutter – Clayton wollte mit ihr ein neues Leben beginnen. Als er untergetaucht war, kümmerte ich mich um sie und bald darauf kamst du zur Welt. Ich habe mich in sie verliebt und alles wäre so anders gelaufen, wenn sie nicht in dieses verfluchte Flugzeug gestiegen wäre …“

Palmer hatte in all den Jahren immer abgeblockt, wenn sie etwas über ihre Mutter hatte erfahren wollen, und als Eva ihn so über sie sprechen hörte, fing ihr Bild von ihm plötzlich wieder an zu wanken. Trotz all der Grausamkeiten und obwohl er sie mehr als nur schlecht behandelt hatte, keimte etwas in ihr auf. Etwas Heilendes, Verbindendes, und all die Jahre, in denen sie Palmer vergöttert hatte, tauchten wieder vor ihr auf. Sie hatte in dieser Nacht von Palmer ein Stück Identität zurückbekommen und Eva spürte zum ersten Mal, seit das Grauen über sie hereingebrochen war, ein Gefühl der Erleichterung in sich hochsteigen.

Das erste Mal seit Langem glaubte sie wieder daran, glücklich werden zu können. Fest an Palmer gedrückt und mit Freudentränen in den Augen war sie in dieser Nacht eingeschlafen. Mit einem Schaudern erinnerte sie sich nun fünf Jahre später daran und fühlte, wie sich ihre Nackenhaare sträubten.

Es folgten vier Jahre, in denen sie Palmer wirklich näherkam und ihn manchmal schon fast zu lieben begann. Abermals flossen die Tränen, als sie daran zurückdachte, wie sich wieder Hoffnung in ihrem Herzen breitgemacht hatte. Plötzlich riss das Klingeln des Telefons sie aus ihren Gedanken: „Miss De Souza, der Wagen mit dem Frühstück ist bereit", meldete ihr die Rezeptionistin, und sie begann hastig damit, sich bereit zu machen. Palmer erwartete sie und er war ein ungeduldiger Mann, der nicht gerne wartete.

Polizeipräsidium Valencia, 9.47 Uhr

„Chef, das müssen Sie sich anschauen!“, stürzte Carmen aufgeregt in Garcías Büro und fiel vor lauter Aufregung in die Höflichkeitsform zurück. – „Ich bin Miguel. Und was muss ich mir anschauen?“

„Das da!“, sagte sie triumphierend und hielt ihm eine CD vor die Nase. – „Was ist auf dieser CD drauf?“, fragte García verständnislos.

„Das ist eine von über dreißig DVDs, die in einem Paket der gestrigen Post waren.“ Ohne auf seine Reaktion zu warten, schob sie die silberne Scheibe in seinen DVD-Player und schaltete das TV-Gerät ein. Auf dem Bildschirm sah man die Bilder der Pokalübergabe, die schon im Fernsehen gezeigt worden waren.

„Ja ... und?“, meinte García. – „Dolores Márquez hatte sämtliche Mitschnitte aller TV-Kameras vom letzten Rennen der Segelserie in ihrem Briefkasten. Die Aufnahmen, die Fuentes hätte beschaffen sollen. Alles da.“ – „Ja, aber wie? – Von wem?“, fragte García verdattert.

„Wissen wir noch nicht, aber auch das werden wir noch rauskriegen“, antwortete Carmen euphorisch. – „Wie viele Leute hast du?“, fragte García, von ihrer Begeisterung angesteckt. – „Wir sind nur zu dritt“, antwortete Carmen etwas verlegen. – „Das ist zu wenig. Ich rufe sofort Ortega an, er soll mir wieder sechs von seinen Leuten schicken. Geh und sortiert die Aufnahmen! Ich will, dass ihr die Filme der Bordkameras und diejenigen der Helikopter und Begleitboote als Erstes anschaut. Nimm jeden, der verfügbar ist!“

Carmen hatte García aus seiner Lethargie gerissen. Hektisch und voller Zuversicht, endlich auf dem Weg zu einem entscheidenden Durchbruch zu sein, wuselte er durch sein Büro und rief Ortega an.

Universitätsklinik Valencia, 10.00 Uhr

„Sehr gut, Señor Jones. Sie können heute nach Hause gehen. Die Rippen werden noch eine Weile schmerzen, aber Sie scheinen ja hart im Nehmen zu sein", lächelte ihm der Chefarzt zu, der eine Karawane von Oberärzten, Ärzten, Assistenten und Pflegern anführte, die seine Wichtigkeit in dieser Institution unterstreichen sollten. Die Klinik hatte unter seiner Leitung eine führende Rolle im großen Geschäft der Organtransplantationen übernommen, worauf er zu Recht stolz war. Die Chefarztvisite war zu einem wöchentlichen Ritual geworden, das der Weiterbildung der Mitarbeiter ebenso diente wie dem Ego des Professors.

Sowohl in Bezug auf Organspenden als auch bei den Organtransplantationen war Spanien in den vergangenen Jahren zu Weltruhm gelangt, und auch Dolores' Herz hatte am Tag zuvor, wenige Stunden nach ihrem Tod, in einer anderen Brust wieder angefangen zu schlagen.

„Ich wünsche Ihnen weiterhin gute Besserung und viel Erfolg beim Segeln! Sie haben fantastische Arbeit geleistet. Ich gratuliere herzlich", verabschiedete sich der Professor von Seven und verließ, gefolgt von seinen Jüngern, das Zimmer.

Am Abend würde eine große Party in Genf stattfinden. Ebenso das Konzert eines bekannten Rockmusikers. Ein bisschen Abwechslung war genau das, was er jetzt brauchte. Seven telefonierte mit dem Port America's Cup und ließ sich von einer der Damen in der Administration den nächsten Flug in die Schweiz buchen. „The show must go on", sagte Seven, als er wenige Minuten später sein Zimmer verließ.

London, Somerset House, 10.00 Uhr

Palmer war in aufgekratzter Stimmung gewesen, als Eva mit dem Frühstück erschien. Er hatte am vergangenen Abend seine Gedanken wieder ordnen können und wusste, was zu tun war. Er mochte spektakuläre Inszenierungen, speziell wenn die Idee von ihm stammte. Er hatte alles Nötige in die Wege geleitet und danach eine ruhige Nacht verbracht. Am Morgen war er etwas länger als sonst in seinem Bett liegen geblieben und hatte sich damit selbst dafür belohnt, dass der Rückzug in seine Höhle doch noch ein Erfolg geworden war.

Er hatte gerade seine Morgentoilette beendet und musterte seinen gebräunten Körper und seine vollen schwarzen Haare. Wenn Eva seinen Haarboden aus der Nähe betrachtete, sah sie deutlich die eingepflanzten Haare auf seinem Schädel, die büschelweise, wie die Borsten einer Zahnbürste, aus seiner Kopfhaut ragten, aber sie hütete sich davor, Palmer mitzuteilen, wie dämlich das Ganze aussah. Schließlich hatte Palmers italienischer Geschäftsfreund Silvio von dieser Methode geschwärmt, worauf Palmer sich vom gleichen Arzt hatte behandeln lassen.

Als er vor über dreißig Jahren bemerkt hatte, dass die Haut auf seinem Schädel durch die weniger werdenden Haare durchzuscheinen begann wie der Schnee durch den lichten japanischen Gebirgswald, entschloss er sich dazu, sich ein Toupet einsetzen zu lassen. Natürlich glaubte er, dass man ihm diesen Makel nicht ansehen würde. Männlichsein war ihm wichtig, und dazu gehörte ein dichter Haarwuchs.

Seit dem letzten Eingriff konnte er wieder kopfüber in einen Pool springen, was er mit dem Toupet vermieden hatte – abgesehen von einer peinlichen Ausnahme in St. Moritz. Er hatte damals mit der zwölfjährigen Eva im Pool herumgealbert und mit ihr gekämpft. Dabei hatte er sie jeweils unter die Wasseroberfläche gedrückt und wenn sie prustend wieder aufgetaucht war und kurz Atem geholt hatte, tauchte er sie gleich wieder unter. Sie hatten dieses Spiel beide geliebt und Eva wollte immer „Lungenspülung" spielen, wie Palmer es nannte.

An diesem Tag saß Eva am Pool und Palmer, der sie zuvor aus dem Wasser heraus angespritzt hatte, frottierte sich dicht über dem Wasser stehend trocken, als Eva unbemerkt auf ihn losstürmte. Mit einem Schrei stürzten beide ins Wasser. Palmer tauchte mit zur Seite geklapptem Haarteil wieder auf und Eva, die nichts davon gewusst hatte, brüllte auf vor Lachen und fragte ihn, ob er das Verdeck des schönen Wetters wegen zur Seite geschoben habe.

Der verdatterte Palmer hatte einen Moment gebraucht, bis er realisierte, was geschehen war. Da er nicht der Mann war, der über sich selbst lachen konnte, stieg eine unbändige Wut in ihm hoch. Mit hasserfülltem Blick packte er Eva und tauchte sie unter, bis er sich beruhigte und Eva unter ihm nicht mehr zappelte. Er wusste nicht, wie lange er sie unter Wasser gedrückt hatte, und seine Wut schlug in Sorge um, als er wenig später das leblose Kind am Poolrand beatmete. Nach bangen Sekunden hustete sie einen Schwall Wasser aus ihren Lungen und wich erschrocken zurück, als sie Palmer über sich erblickte.

„Tu das nie wieder, hörst du? Wenn ich der Prophet Elias wäre, wärst du jetzt tot", flüsterte Palmer, und das war alles, was jemals über diesen Vorfall gesprochen wurde. Später hatte Eva herausgefunden, dass dieser heilige Mann offenbar keinen Spaß verstanden hatte. Er hatte die tolle Gabe gehabt, Wunder geschehen zu lassen, und konnte auch schon mal ein versunkenes Eisenbeil auf dem Jordan schwimmen lassen oder eben zweiundvierzig Kinder von zwei Bären grausam zerfetzen lassen, weil diese sich über seine Glatze lustig gemacht hatten.

„Nein, so was passiert mir nie mehr", lächelte er sich im Spiegel zufrieden zu, als die Hausglocke klingelte. Auf dem Bildschirm, den er so im Badezimmer hatte montieren lassen, dass er mit Sprachbefehlen Internet, Telefon, die Überwachungskameras und den Lift bedienen konnte, winkte ihm Eva fröhlich zu und dahinter standen die Bediensteten des Savoy in Livree.

„Ein gutes Frühstück hab ich mir redlich verdient. Ich schick dir den Lift runter, mein Schatz", meinte er gut gelaunt. Es würde ein guter Tag werden, das konnte Palmer spüren. Er hoffte, dass Eva ihm seinen Wunsch nach einem Sohn bald erfüllen würde. „So müssen Väter aussehen. Jugendlich, dynamisch, unabhängig und doch lebenserfahren", zwinkerte er sich zu.

Zufrieden ging er zum Lift und schloss Eva zärtlich in seine Arme. „Ich hab dich vermisst, mein Schatz", sagte er liebevoll zu ihr und schickte die Bediensteten mit einer kurzen Handbewegung hoch zur Terrasse, wo sie an diesem wunderschönen Sommermorgen das Buffet herrichten würden.

„Deine Ärztin hat mir berichtet, dass es heute Morgen günstig wäre für einen Jungen", flüsterte er zärtlich in ihr Ohr und führte sie sanft ins Schlafzimmer. Eva hatte schon bei der Umarmung gespürt, dass Palmer die blaue Pille geschluckt hatte, und war unmerklich zusammengezuckt.

„Wenigstens kann er mich nicht schwängern", dachte sie und spielte Palmer die wollüstige Geliebte vor, die er sich an seiner Seite wünschte. Als sie vor einem Jahr den wahren Frank Palmer kennengelernt hatte und ihre Zuneigung wieder in blankes Entsetzen umgeschlagen war, hatte sie eine Probe von Palmers Sperma in ein Reagenzglas gespuckt und den Inhalt untersuchen lassen. Palmer hielt sich für einen unwiderstehlichen Hengst. Tatsächlich musste man ihn eher mit einem Wallach vergleichen, und das war immerhin ein kleiner Trost.

Polizeipräsidium Valencia, 11.30 Uhr

„Das müssen Sie sich ansehen, Chef!“, stürmte Carmen herein. – „Miguel“, schüttelte García mit hochgezogenen Brauen den Kopf. – „Entschuldige … Miguel! Du musst sofort ins Vernehmungszimmer kommen, und dir die DVD mit den Aufnahmen aus dem Helikopter ansehen!“, schwappte ihm Carmens Wortschwall entgegen. Energisch nahm sie ihn am Ellenbogen und schob ihn mit der anderen Hand in seinem Kreuz vorwärts aus seinem Büro.

„Gehen kann ich selbst, Carmen, ich bitte dich!“, reagierte García etwas ungehalten. – „Entschuldige, aber es wird dich aus den Socken hauen! Mir ging's jedenfalls so.“

Eilig folgte García seiner Mitarbeiterin, die mit ihren Händen gestikulierend und aufgeregt vor sich hinplappernd vor ihm durch die Flure des Präsidiums stolperte, weil sie dauernd ihre schwarz gelockte Mähne zu ihm herumwarf und ihm versicherte, was für unglaubliche Bilder er gleich sehen würde. Mit wachsender Spannung folgte ihr García, ohne den geringsten Anhaltspunkt dafür zu haben, was ihn erwartete. Er musste annehmen, die Mörder wären auf den Bildern zu erkennen und würden ihm gleich auf dem Präsentierteller serviert werden.

Nervös nahm er vor dem Bildschirm Platz und Carmen ließ triumphierend den Film laufen. Man sah aus der Vogelperspektive, wie sich die Schweizer Segler ins Wasser stürzten, das von einem roten Konfettiteppich bedeckt war. Vom Schiff aus spritzten einige mit Champagner auf sie, und im Wasser sah es aus, als ob Jugendliche sich austobten. García blickte gebannt auf den Bildschirm und wartete ungeduldig auf die Sensation. Darauf, dass der Fall in den nächsten Minuten gelöst sein würde, denn etwas anderes konnte Carmens Reaktion nicht bedeuten.

„Na, was sagst du jetzt?“, fragte Carmen, nachdem die Athleten wieder an Bord gegangen waren und der Kameramann im Helikopter auf die Zuschauertribüne geschwenkt hatte. – „Sag mal, willst du mich verarschen oder was? Du kommst in meinem Büro angetanzt wie ein durchgeknalltes Huhn und machst einen Affen aus mir, indem du mich durchs halbe Präsidium zerrst, und dann zeigst du mir die Bilder von den feiernden … Zeig das Zeug noch mal! – Entschuldige bitte! Ich hab gemeint … Ist ja egal. Welcher von den Badenden ist JC?“, fragte García gespannt.

„Entschuldigung angenommen. Warte einen Moment! Ich hab den Counter beim Anfang der Szene auf null gestellt … Hier ist JC, man erkennt ihn gut mit seinem kahlen Schädel. Jetzt springt er ins Wasser“, zeigte Carmen mit dem Finger auf den Bildschirm.

Gebannt schaute García auf die kleine glänzende Kugel, JCs Schädel, der aus der Totale der Kamera auf dem kleinen Bildschirm kaum einen Zentimeter groß war. Deutlich war zu sehen, wie JC nach dem Kopfsprung wieder an der Wasseroberfläche auftauchte und wie er verschiedene seiner Teammitglieder umarmte. Garcías Spannung stieg ins Unermessliche. In den nächsten Minuten würde er sehen, wie JC von der Wasseroberfläche verschwinden würde. JC war wieder mit einem seiner Kameraden zusammen und gestikulierte mit den Händen, bevor auch diese beiden einander in die Arme nahmen und …

„Das gibt's doch nicht!", schrie García auf. JC und der andere Mann waren untergetaucht und nun fing das Warten an. JC tauchte nicht mehr auf, und García erschauderte bei dem Gedanken, dass er in dem Moment, als diese Aufnahmen gemacht worden waren, unmittelbar unter seinen Kameraden und von keinem bemerkt vergeblich um sein Leben gekämpft hatte.

„Geh nochmal zurück! Kannst du die Szene vom Abtauchen vergrößern? Ich will wissen, welches Schwein JC diesen Judaskuss gegeben hat", sagte García mit gepresster Stimme und geballter Faust.

„Nicht nötig, Miguel. Wir wissen, wer es war. Schau hin!", sagte Carmen und spielte den Film rückwärts bis zu der Stelle, an der die beiden Köpfe verschwanden. „Jetzt konzentrier dich auf den anderen Kopf und danach schauen wir das Ganze rückwärts und beobachten dabei den anderen!", erklärte Carmen. Nach zehn Sekunden tauchte der Dunkelhaarige wieder auf. García erkannte, dass er kein T-Shirt trug, weil seine Schultern in der Sonne glänzten. Aufmerksam verfolgte er, wie Carmen den Film rückwärts spulte, und beobachtete den Kerl, der mit seinem nackten Oberkörper ebenfalls leicht zu erkennen war. Der Helikopter war zu Beginn tiefer geflogen, sodass der Kameramann das Boot von der Seite hatte filmen können. Beim Positionswechsel verlor García den Mann kurz aus den Augen.

Carmen wechselte in den Zeitlupen-Modus und es war fast witzig mit anzusehen, wie sich die Körper, nachdem zuvor eine Fontäne aufgestiegen war, vom Wasser lösten und mit den Füßen voran auf Deck flogen. García hatte sich orientiert und den Mann wieder ausgemacht, der vorn am Bug im Wasser schwamm. Als bereits alle wieder an Bord waren, spritzte endlich auch bei ihm das Wasser hoch und danach flutschte er an Bord zurück.

„Scheiße!", rief García ungläubig. „Du Schweinehund!", stieß er dann erbost hervor. Carmen hatte den Film angehalten. Seven stand großspurig auf Deck, zeigte auf seinen gespannten Bizeps und war auf dem Standbild deutlich zu erkennen.

„Lass uns ins Spital fahren und diesem sauberen Herrn einen Krankenbesuch abstatten! Wir brauchen noch ein paar Leute zur Verstärkung. Alle Teams, die Filme bearbeiten, sollen sich nur auf Seven und JC konzentrieren und nach Auffälligkeiten suchen. Ich gehe schnell zu Fuentes und informiere ihn. Wir fahren in zehn Minuten los", sagte García und eilte aus dem Raum. Obwohl er die Drahtzieher noch nicht am Haken hatte, hatte er nun erstmals seit dem Mord eine handfeste Spur. Sie würden Seven Jones zusetzen und aus ihm herausbringen, wer sonst noch alles an diesem grausamen Verbrechen beteiligt gewesen war.

García betrat den Raum, in dem der pensionierte Lehrer immer noch zusammen mit Fuentes vor dem Bildschirm saß. Man sah den TV-Kameramann im Helikopter, der mit einem starken Objektiv herangezoomt worden war, und danach schwenkte der Mann aufs Siegerpodest, wo man Mombelli erkennen konnte, der den Pokal jubelnd in die Höhe stemmte.

„Zurückspulen!", befahl García und die beiden Männer schauten ihn verständnislos an. – „Haben Sie die Ankunft der Jacht und die badenden Crewmitglieder gefilmt?", wollte García aufgeregt wissen. Er hoffte, von der gegenüberliegenden Seite ebenfalls aufschlussreiche Bilder zu sehen.

„Natürlich habe ich das gefilmt! Was glauben Sie denn?", erwiderte der alte Mann sichtlich verärgert und spulte den Film um über zehn Minuten zurück. Man sah, wie das Boot an Land vertäut wurde. – „Zu weit zurück. Wieder vorspulen bitte!", sagte García knapp und der Film lief mit vierfacher Geschwindigkeit, bis man die Segler von hinten ins Wasser springen sah. „Stopp! Wieder zurück und diesmal etwas langsamer bitte!", versuchte es García in einem netteren Ton.

„Dürfen wir erfahren, worauf du hinauswillst?", fragte Fuentes sachlich und García erklärte den beiden endlich, was

Carmen entdeckt hatte. „Wir müssen uns auf Seven Jones konzentrieren und bekommen so vielleicht zusätzliche Anhaltspunkte, die uns nützlich sein könnten."

Carmen betrat den Raum und deutete García an, dass sie bereit seien, zum Krankenhaus zu fahren, worauf dieser meinte, dass er sich die Minuten zwischen der Gratulation der Gegner und dem Bad gerne noch einmal anschauen würde. Aufmerksam starrten sie nun zu viert auf den Bildschirm, doch leider hatte der Mann die Crewmitglieder sehr nahe herangezoomt, sodass man nicht erkennen konnte, was insgesamt auf dem Boot ablief.

Als dann die Hand eines jubelnden Zuschauers praktisch den ganzen Bildschirm füllte, schwankte das Bild etwas und der Mann erklärte: „Da stand einer im Weg und ich wusste einen Moment lang nicht mehr, was ich nun tun sollte, dann drehte ich das Objektiv auf Weitwinkel und schwenkte schließlich zum Helikopter, der hinter der Jacht knapp über dem Boden schwebte." Erneut wurde der Kameramann fokussiert und vergrößert. „Es interessiert mich natürlich, wie die Profis arbeiten", erklärte der Mann seine Bildwahl.

Wenige Sekunden danach kam die Jacht wieder ins Blickfeld. Erneut wurde das Bild größer gestellt und man sah die ins Wasser springende Crew von hinten.

„War wohl nichts", meinte García enttäuscht. „Jedenfalls beobachtet mir diesen Seven Jones genau und schaut euch die halbe Stunde zwischen dem Zieleinlauf und der Badeszene genau an! Ich will über jeden Schritt, jede Geste von diesem Bastard während dieser Zeit genau Bescheid wissen. Prima Arbeit, Carlos! Hervorragende Bilder, Señor. Respekt! Wir gehen ins Spital und statten dem Herrn einen Besuch ab. Adiós!", verabschiedete García sich von den beiden Männern und folgte Carmen zum Wagen.

„Ich habe ein Kommando von der CNP angefordert, falls er uns Schwierigkeiten macht. Sie sind in zwanzig Minuten in der Klinik. Dort werden sie auf deine Anweisungen in Stellung gehen“, sagte Carmen, als sie vom Polizeigelände auf die Hauptstraße einfädelte. „Ich hoffe, das ist dir recht so“, ergänzte sie leicht verunsichert, als sie seinen abwesenden Gesichtsausdruck wahrnahm. „Miguel?“, fragte sie schließlich. – „Ja?“, antwortete dieser nach einer Weile. – „Ist es dir recht?“, fragte Carmen erneut. – „Jaja, schon gut, fahr nur zu!“, sagte García. Er saß schweigend und in Gedanken versunken neben Carmen.

„Dieser Bastard hat's doch tatsächlich geschafft, mein Vertrauen zu gewinnen und mich faustdick anzulügen“, dachte Carmen, die nun ebenfalls schwieg. – „Irgendetwas haben wir übersehen“, sagte García und setzte dem Schweigen ein Ende. „Wir müssen uns die Bilder noch einmal genau anschauen. Ich hab ein komisches Gefühl. Es lag vor uns und wir haben's nicht gesehen“, murmelte García vor sich hin und schwieg erneut.

Carmen wusste, dass es nichts bringen würde, wenn sie ihn jetzt mit einer klärenden Frage unterbrechen würde. Er hatte einfach laut zu sich selbst gesprochen und wollte nicht von ihr gefragt werden, was sie übersehen hätten. Trotzdem überlegte auch sie, was ihnen denn Wichtiges entgangen sein könnte. Sie fand aber nichts, und bog in die Tiefgarage der Notaufnahme ein, wo der Kommandowagen der CNP auf sie wartete. Einige Meter abseits standen rund zehn bewaffnete Polizisten der Spezialeinheit im Halbkreis um ihren Einsatzleiter, der die Männer instruierte.

„Was zum Teufel soll denn das?“, presste García verärgert hervor. „Ein Dutzend Antiterrorkämpfer in voller Schutzmontur und bis an die Zähne bewaffnet! Hast du die bestellt?“, fragte er ungläubig, als Carmen den Wagen neben dem grauen, gepanzerten Kleinbus eingeparkt hatte.

„Ich hab dich doch gefragt, ob dir das recht sei“, erwiderte sie vorwurfsvoll und realisierte erst jetzt, dass García des Multitaskings als Mann gar nicht mächtig sein konnte. Er war so mit seinen Gedanken beschäftigt gewesen, dass er ihre Information glatt überhört haben musste. Stolz dachte sie, dass ihr das nie passieren könnte. Sie konnte sich gleichzeitig die Fußnägel lackieren, telefonieren, einen Film anschauen und dazu ein Kreuzworträtsel lösen.

„Was mach ich jetzt, verdammt noch mal?", murmelte García und stieg aus dem Wagen. „Guten Tag allerseits!", begrüßte er die Männer und erklärte ihnen, dass er wegen der Presse keinen spektakulären Einsatz wünsche. Ein solcher sei für die Bewältigung dieser Situation auch nicht nötig. Danach besprach er sich kurz mit dem Leiter des Kommandos. Man einigte sich darauf, dass sie Helme und Maschinenpistolen ablegen und lediglich mit Schutzwesten und Pistolen ausgerüstet als Begleitschutz mit vier Personen am Einsatz teilnehmen würden.

Die restlichen acht würden in der Garage bleiben und dort auf Abruf bereitstehen. García hatte ein mulmiges Gefühl dabei, gefolgt von vier Bewaffneten im Gleichschritt durch die Klinik zu marschieren. Die Menschen in den Gängen wichen verängstigt zurück, als sie die sechs Polizisten auf sich zukommen sahen. Vor Sevens Zimmer postierte García zwei Mann, die mit Kehlkopfmikrofonen Kontakt zu den anderen beiden hatten und im Notfall ebenfalls ins Zimmer eindringen konnten.

Wie zuvor kurz besprochen, traten García, Carmen und zwei weitere Männer in das Zimmer ein und standen kurz darauf fassungslos um das Bett einer alten Frau, die friedlich schlief.

„Carmen, geh auf die Station und frag, wohin sie ihn verlegt haben! Wir bleiben unterdessen hier", flüsterte García Carmen zu und hob zu den anderen Männern blickend ratlos die Schultern. García glaubte, mehr als nur eine Spur bissigen Spotts und Überheblichkeit in ihren Gesichtern zu lesen, hatte dafür jedoch in dieser peinlichen Lage ein gewisses Verständnis.

Als Carmen wenig später erneut ins Zimmer schlüpfte und berichtete, dass Jones vor zwei Stunden aus der Klinik entlassen worden war, schüttelten sie alle ungläubig die Köpfe. García stammelte eine Entschuldigung, worauf alle wie geprügelte Hunde wieder abzogen. Dabei fragten sie sich zusammen mit den Leuten, denen sie auf den Fluren begegneten, was zum Teufel sie eigentlich hier verloren hatten.

Ohne ein einziges Wort zu sprechen, fuhren Carmen und García zurück ins Präsidium. Dort angekommen erfuhren sie, dass Seven bereits im Flugzeug saß.

Polizeipräsidium Valencia, 17.00 Uhr

Nachdem García wieder im Büro angekommen war, konnte er keinen klaren Gedanken fassen. Der peinliche Auftritt, den sie unter seiner Verantwortung in der Klinik gehabt hatten, machte die Euphorie des Erfolgs vom Morgen vergessen. Er hatte sich nutzlos und unfähig gefühlt und war nach Hause gefahren, wo er zum zweiten Mal in der gleichen Woche eine Siesta hielt. Da seine Frau mit der Organisation der Ferien beschäftigt war, lag er allein und verschwitzt im heißen Zimmer. Er hatte sich im Bett hin und her gewälzt, doch es war ihm weder gelungen einzuschlafen, noch das Chaos in seinem Kopf zu ordnen. Auch die düstere Stimmung war bis jetzt an ihm hängen geblieben wie eine Klette.

Fuentes hatte gerade seine Einleitung beendet und berichtete kurz über seine Ergebnisse. Danach schaute er García an, der eine abwehrende Handbewegung machte, worauf Fuentes Carmen aufforderte, ihre Ergebnisse zu kommunizieren.

„Ja, meine lieben Kollegen. Ihr habt sicherlich schon mitbekommen, dass ich ein Kommando der CNP bestellt habe, um einer älteren Dame in der Universitätsklinik einen Besuch abzustatten. Obwohl die Männer mit ihren schweren Schuhen mächtigen Lärm im Spital verursacht haben, gelang es uns nicht, die Frau aufzuwecken, und so sind wir halt …", begann Carmen mit einem Augenzwinkern.

„Was soll das?", fragte García und zerstörte augenblicklich die gute Stimmung, die Carmen mit ihren Ausführungen geschaffen hatte.

„Miguel, ich habe Scheiße gebaut, und ich weiß das auch. Der Einsatz war maßlos übertrieben und ging in die Hose, wie nur etwas in die Hose gehen kann. Es ist nicht einer in diesem Raum, der das nicht weiß, und wir können daran auch nichts ändern. Das Einzige, was wir tun können, ist, diese Geschichte mit Humor zu nehmen. Wenn ich mir vorstelle, wie wir, zu allem bereit, vor dem Bett dieser Frau gestanden haben, ist das bestimmt eine der Geschichten, die ich einmal meinen Enkelkindern erzählen werde. Ich hoffe, dass ich dann herzhaft darüber lachen kann.

Ich weiß, dass wir noch mit Konsequenzen rechnen müssen und dass uns der Einsatz, nicht zuletzt von der Presse, noch einen gewaltigen Tritt in den Hintern einbringen wird. Wenn wir jedoch hier drinnen anfangen, uns selbst zu bemitleiden, haben wir schon verloren, bevor wir überhaupt begonnen haben. Glaub mir, Miguel, ich will diesen Drecksack, der mich mit seinen Lügengeschichten bis tief ins Herz gerührt hat, genauso an den Eiern kriegen wie du und das werden wir auch!", funkelte sie ihn mit ihren kastanienbraunen Augen an.

„Du hast recht. Entschuldige bitte!", sagte García kleinlaut.

„Also, noch mal. Vergessen wir unseren Einsatz im Spital und machen wir es beim nächsten Mord besser! Ich zeige euch nun den Filmausschnitt, mit dem wir Seven Jones als Mittäter einwandfrei identifizieren können … Hier seht ihr JC Duval im Wasser mit seinem langjährigen ‚Freund' … Schaut genau zu, was passiert!", schloss Carmen ihren Bericht.

Ortega und Ramírez meldeten danach, dass die Befragungen der Kiwis bisher keine neuen Erkenntnisse ergeben hätten und dass einige von ihnen bereits auf der Rückreise seien. Sie hätten auch zu wenig Personal, um effizienter vorwärtszukommen.

Zum Schluss wurde ein Zusammenschnitt der bisher gefundenen Szenen gezeigt, auf denen Seven Jones oder JC Duval sichtbar waren. In einer sah man kurz, wie sich Jones mit nacktem Oberkörper durch die Öffnung im Bug an Deck zwängte.

„Könnte es sein, dass er es war, der dort unten gekotzt hat?", fragte Fuentes in die Runde. „Wir sollten das Erbrochene und die Blutproben aus der Klinik miteinander vergleichen. Zudem schlage ich vor, dass man diesen Bereich des Bootes noch einmal genau auf Spuren untersucht", führte Fuentes weiter aus und sah den zustimmend nickenden García an.

„Ist sonst noch was?", schaute Fuentes mit hochgezogenen Augenbrauen in die Runde. „Miguel?" – „Ich möchte die Szene vom pensionierten Lehrer noch einmal sehen und zwar die fünf Minuten, bevor die ganze Crew baden geht. Irgendwie habe ich das ungute Gefühl, dass wir etwas Wichtiges nicht beachtet haben. Wenn wir uns das hier auf der Großleinwand alle gemeinsam anschauen, hoffe ich, dass wir zusammen herausfinden, was wir übersehen haben." Fuentes legte die DVD mit den Zusammenschnitten ein und spielte sie ab. – „Nein, ich meine das Original, die ganzen fünf Minuten, auch die Szenen ohne Jones", sagte García ruhig.

Alle betrachteten den Film bis zum gemeinsamen Sprung ins Wasser. Danach forderte García: „Lass das Ganze noch einmal zurücklaufen, bitte!" Man sah den Kameramann im Helikopter, die Hände, die das halbe Bild verdeckten, und danach den Schwenk über die ganze Jacht, bei dem jedes Team-Mitglied deutlich zu sehen war.

„Ich kann Jones auf diesem ganzen Abschnitt nirgends finden", wunderte sich García, worauf die anderen zustimmend nickten. „Er muss doch irgendwo vorn im Boot sein. Vielleicht hat der alte Mann vorher zum Helikopter geschwenkt“, meinte Fuentes. „Ich lasse ab hier den Film wieder vorwärts laufen. Dieses Mal jedoch in Zeitlupe und jeder soll nach Jones Ausschau halten.“

Alle starrten gebannt auf die Leinwand und schrien kollektiv auf: „Da!“ Seven war unmittelbar neben der übergroßen, rotierenden Hand auf dem Bildschirm deutlich zu sehen. Er blickte direkt und in der Verlangsamung scheinbar lange in die Kamera, bevor er den Blick und den ganzen Kopf langsam senkte. Danach begann das Bild zu wackeln und Seven verschwand. Fuentes hielt den Film an und schaute fragend in die Runde.

„Jetzt wissen wir, wo der Kerl ist. Ich möchte die Szene noch einmal in Echtzeit anschauen und jeder soll sich seine Gedanken dazu machen“, forderte García aufgeregt. Nachdem sie sich die wenigen Sekunden angesehen hatten, fragte er erwartungsvoll: „Nun?“, worauf ihn alle verständnislos anstarrten.

„Glaubt ihr, es ist ein Zufall, dass Jones in diese Richtung blickt?“, fragte er herausfordernd. „So wie es Zufall ist, dass er ausgerechnet in dem Moment gefilmt wird?“, ergänzte er. „Dieser Mann wird in weniger als drei Minuten seinen bisher besten Freund im Wasser umarmen und mit ihm unter die Wasseroberfläche abtauchen, wo JCs Mörder bereits auf der Lauer liegen. Er weiß, was er zu tun hat, und ist wahrscheinlich mit Kokain vollgepumpt. Dieser Mann hat gefährlichste Einsätze in Krisengebieten überlebt, ist hoch konzentriert auf den nächsten Einsatz. Der schaut nicht einfach in der Gegend herum und sucht eine Kamera auf der Ehrentribüne“, schloss García.

Miguel war aus seiner Lethargie erwacht. Sein Verstand lief auf Hochtouren und er war wie ein Bluthund, der endlich eine Spur gerochen hatte. „Schaut euch die Szene nochmals an und überlegt euch, wozu Jones ins Publikum blickt, wen er dabei sucht … und … offensichtlich findet!“, fuhr García fort.

„Weiß er nicht, was er tun soll, und erwartet Anweisungen?“, fragte die junge Kollegin aus der anderen Abteilung. – „Das glaube ich nicht. Er weiß, was er zu tun hat. Das mit der Anweisung hingegen scheint mir eine Möglichkeit zu sein“, antwortete Fuentes.

„Ich bin überzeugt, dass Jones nach einem vereinbarten Zeichen sucht, damit er losschlagen kann. Es muss auffällig sein, darf aber nicht auffallen. Er muss es von einer Person erhalten, die weiß, dass die Taucher unter der Jacht bereit sind. Das muss jemand sein, bei dem die Fäden zusammenlaufen. Eine Schnittstelle“, erklärte García seine Überlegungen.

„Soll das heißen, dass der pensionierte Lehrer das Zeichen gegeben hat?“, fragte Carmen ungläubig. – „Nein. Die Person, die Jones das Zeichen gibt, befindet sich genau zwischen der Filmkamera und Jones …“ – „Die winkende Hand …“, platzte Carmen aufgeregt dazwischen. – „Genau. Wir müssen herausfinden, um wen es sich dabei handelt. Alle Filmaufnahmen dieser Minuten müssen nochmals gründlich betrachtet werden. Ich will, dass dabei darauf geachtet wird, was Jones und JC tun. Achtet auch darauf, ob im Publikum einer auffällig winkt! Ich schlage vor, dass man Jones vorläufig noch laufen und ihn dafür beschatten lässt. Vielleicht führt er uns zum Täter. In der Schweiz haben wir keine Möglichkeit dazu. Ich nehme an, er wird bei JCs Beerdigung sein. Ab dort möchte ich, dass er permanent überwacht wird. Ich werde das mit den französischen Kollegen besprechen. Es ist jetzt extrem wichtig, dass sich die Mörder in Sicherheit wähnen. Sie müssen davon ausgehen, dass wir weiterhin im Trüben fischen. Carlos, ich bitte dich, während meiner Abwesenheit die Presse möglichst sparsam mit Informationen zu versorgen“, wandte sich García an Fuentes.

„Mach ich, Miguel … Jeder weiß, was er zu tun hat? Wenn nichts mehr ansteht, treffen wir uns morgen um 14.00 Uhr zum nächsten Rapport. Einen schönen Abend allerseits!“, beendete Fuentes seinen ersten Einsatz als Ermittlungsleiter.

García saß in seinem Wagen und fuhr nach Hause. Er freute sich auf die Ferien und darüber, dass sie endlich etwas Brauchbares in die Hände bekommen hatten. In vierundzwanzig Stunden würden sie mit dem gemieteten Wohnmobil schon irgendwo in den Pyrenäen sein. Zwei Tage später, nach dem Zwischenstopp in Paris, würden sie weiter in Richtung Norden fahren, wo der Polarkreis lockte. Er schüttelte den Kopf und lachte vor sich hin. Carmen hatte recht gehabt. Mit etwas Distanz betrachtet war es wirklich zum Brüllen, wie sie das Zimmer der alten Frau gestürmt hatten.

7. Juli 2007

Polizeipräsidium Valencia, 6.30 Uhr

García hatte einen entspannenden Abend mit seiner Familie verbracht. Gemeinsam hatten sie die Reiseroute nach Paris geplant. Schließlich waren sie sich einig, bis Barcelona die Autobahn zu nehmen und von dort in die Pyrenäen zu fahren. In den Bergen würden sie eine angenehm kühle Nacht verbringen, bevor sie am Sonntag über Toulouse nach Paris fahren würden.

Am Montag wollte Consuelo mit den Kindern ins Disneyland gehen, während Miguel den ganzen Tag Termine mit seinen französischen Kollegen hatte. Am Dienstag würden sie an der Nordseeküste im dänischen Jütland übernachten, bevor sie am Mittwochmorgen die Fähre zum südnorwegischen Kristiansand nehmen und über Stavanger nach Bergen an Norwegens Südwestküste fahren wollten. In Bergen war am

Mittwochabend um 20.00 Uhr auf dem MS Nordkap eine Kabine für vier Personen reserviert. Dort würden dann auch seine Ferien endlich beginnen.

Als die Kinder schließlich im Bett waren, tranken sie noch ein Glas Malaga. García war entspannt, voller Vorfreude und ohne einen Gedanken an den aktuellen Fall zu verschwenden eingeschlummert. Am Morgen früh war er leise aufgestanden und nach einer knappen Viertelstunde aus dem Haus geeilt.

Im Büro, fuhr er seinen Computer hoch und loggte sich in die Datenbank des Falles ein. Von dort lud er die bisherigen Zusammenschnitte der Filme herunter, die als Quick-Time-Dateien gespeichert waren. Seine Mitarbeiter hatten ganze Arbeit geleistet und teilweise bis spät in die Nacht Filme betrachtet. Gleichzeitig wurde das Material mühsam zusammengeschnitten und formatiert. Obwohl dies mit einem großen Qualitätsverlust verbunden war, konnte man sowohl JC als auch Seven Jones deutlich erkennen.

Nach über zwei Stunden, in denen er keine neuen Erkenntnisse gewonnen hatte, stürmte Carmen in sein Büro und hielt die neueste Ausgabe von El Mundo in den Händen. Auf der Titelseite prangte in dicken Lettern die Überschrift: „Polizei lässt Mörder laufen und erschreckt ältere Dame zu Tode!“ Darunter war ein recht scharfes Handybild zu sehen, das García, Carmen und die Spezialisten der CNP bei der Erstürmung des Krankenzimmers von Jones zeigte. „Die Beamten der Mordkommission, unterstützt von einer Antiterroreinheit der CNP, beim Eindringen in das Krankenzimmer, das der flüchtige Mordverdächtige Steven ‚Seven‘ Jones zwei Stunden zuvor verlassen hatte.“, lautete die Bildlegende.

„Ich hatte Todesangst, als die vermummten Männer mein Bett umringten und mich mit gezogenen Waffen bedrohten“, wurde die Dame auf Seite zwei der Zeitung unter ihrem eigenen Bild zitiert. Dass das gar nicht stimmen konnte, interessierte niemanden. Die Frau war, noch unter Narkose stehend, erst zehn Minuten vor dem Einsatz in das Zimmer gefahren worden. Der Reporter hatte sie drei Stunden später, nachdem El Mundo das Bild einem geistesgegenwärtigen Pfleger abgekauft hatte, im Spital besucht. Dabei hatte er ihr Worte in den ausgetrockneten Mund gelegt, auf die sie selbst niemals gekommen wäre.

„Verfluchte Scheiße!“, entfuhr es García, nachdem er gelesen hatte, dass man über Beweise verfüge, die zeigten, dass Seven Jones maßgeblich am Mord von JC Duval beteiligt gewesen sei. „Du verdammtes Arschloch!“, brüllte er seine Wut und seinen Frust laut heraus. „Scharfsinniger Rentner klärt grausames Verbrechen auf!“, stand unter dem Bild des Mannes, in dessen Beisein García am Tag zuvor unvorsichtigerweise Fuentes informiert hatte, wie Jones JC umarmt und in die Tiefe gezogen hatte.

„Besorg mir eine Verbindung nach Genf! Die dortige Polizei soll den Kerl sofort verhaften. Ich werde einen Auslieferungsantrag stellen. Scheiße, verdammt noch mal! Aus dem werden wir kein Wort rausbekommen. Jetzt müssen wir uns voll auf die Bilder konzentrieren und versuchen, den großen Unbekannten zu identifizieren“, meinte der sichtlich erregte García zu Carmen, die wortlos mit geschlossenen Augen nickte. Mit einem angedeuteten Salut machte sie kehrt und verschwand.

García las den Artikel zu Ende. Der Alte beklagte sich bitter über seine Behandlung durch die Polizei und ließ dabei seine faschistischen Ansichten deutlich durchscheinen. „Früher war die Polizei noch effizient und auf Zack. Heute müssen dem faulen Pack schon Rentner unter die schwachen Arme greifen“, ließ er sich stolz zitieren.

Der ganze Artikel bot ihm eine Plattform, um die guten alten Zeiten heraufzubeschwören, dass es zum Kotzen war. García schleuderte die Zeitung wütend durch sein Büro. Mit Schwung nahm er Anlauf, um den Papierkorb mit einem Hammer an die Wand zu treten, als er ein Déjà-vu-Erlebnis hatte. Elegant, wie die Statue eines griechischen Olympioniken, hielt er in der Bewegung inne. „Dieser Scheißkerl ist die Schmerzen nicht wert“, sagte er sich. Stattdessen holte er sich einen Becher Wasser auf dem Flur. „Der Kollege aus Genf ruft in zehn Minuten zurück“, trat Carmen dabei an ihn heran.

Obwohl die Sprache des jeweiligen Partners der eigenen deutlich näher gewesen wäre, unterhielten sich die beiden Beamten in holprigem Englisch. Der Genfer versicherte García, dass er Monsieur Jones zu einer Befragung ins Präsidium bitten und danach Bescheid darüber geben würde, wie sie den Fall beurteilten. García atmete auf. Er nahm an, dass man Jones festnehmen und schließlich ausliefern würde.

Danach klingelte das Telefon erneut. Die Dame vom Empfang meldete ihm ein TV-Team, das eine Stellungnahme zum Bericht in der Zeitung verlangte. „Sie sollen in Pepes Tapas-Bar etwas trinken gehen und in einer halben Stunde wiederkommen. Sag ihnen, ich sei in einer Sitzung, würde aber danach gerne Auskunft geben … Sag: Seeehr gerne!“, heuchelte García in den Hörer und verdrehte seine Augen.

Die Ferien schienen weit entfernt zu sein, als er mit raschen Schritten zu Fuentes eilte, um mit ihm das Interview zu besprechen. Er fand ihn mit verzerrtem Gesicht am Telefonhörer. Fuentes schaute auf, zeigte mit ausgestrecktem Mittelfinger auf das Bild ihres gemeinsamen ‚Freundes‘ und Hobbyfilmers. Mit der gleichen, unmissverständlichen Geste deutete er an, dass ebendieser am Apparat sei.

„… nein, Señor, Sie haben uns schon genug geholfen und wir sind Ihnen wirklich sehr dankbar für Ihre Bilder. Ich habe Ihre Mithilfe sehr geschätzt, bin aber nun doch etwas enttäuscht, dass Sie uns mit Ihrem Vorgehen die Möglichkeit nehmen, in Ruhe an die Drahtzieher der ganzen Aktion heranzukommen … Nein, wir verzichten in Zukunft auf Ihre Mithilfe … Ja, dann tun Sie das! Mehr Schaden können Sie sowieso nicht mehr anrichten … Ja, das werden Sie wohl tun müssen und übrigens werden alle unsere Gespräche aufgenommen. So hat man später jederzeit die Möglichkeit, darauf zurückzugreifen. Ich habe auch das Gespräch, welches

Sie mit meinem Kollegen geführt haben. Ich versichere Ihnen, dass wir besprechen werden, ob wir Sie wegen Behinderung der Polizeiarbeit anzeigen werden ... Ja, das wünsche ich Ihnen auch. Guten Tag!", sagte er immer noch freundlich, knallte den Hörer auf die Gabel und schaute García kopfschüttelnd und mit ausgebreiteten Armen an.

„Wir haben in fünfundzwanzig Minuten ein Interview mit einem Fernsehteam. Da sollten wir uns noch kurz darauf vorbereiten. Für Carmen gibt's einen extra Auftrag", sagte García ohne Einleitung. „Jetzt drehen wir den Spieß um und lassen die Medien für uns arbeiten", fuhr er fort. Nach knapp zehn Minuten hatten sie ihr Gespräch beendet. Fuentes bereitete sich auf das Interview vor, Carmen eilte davon, um ihren Spezialauftrag zu erledigen, und García telefonierte erneut nach Genf.

London, Hotel Savoy, 7.30 Uhr

Palmer lag zufrieden schnarchend im Bett. Er hatte für sein aktuelles Problem eine Lösung gefunden und konnte seine Höhle wieder verlassen. Eva lag traurig neben ihm und weinte still vor sich hin. Palmer war am Vortag zuvorkommend und freundlich gewesen. Dafür war er nicht von ihrer Seite gewichen. Am Abend hatten sie das Musical „Billy Elliot" besucht. Eva hatte weinen müssen, weil es dem Jungen, im Gegensatz zu ihr selbst, gelungen war, seine Fesseln zu sprengen.

Auch Palmer hatte das Musical mit seinen eigenen Erfahrungen verglichen. Er hatte erfreut festgestellt, dass auch er selbst seinen Weg gegangen war und die Pläne des Vaters erfolgreich durchkreuzt hatte. Die Rührung, die Eva gezeigt hatte, bestärkte ihn darin, dass sie die Richtige sein würde, um ihm endlich einen Stammhalter zu schenken. Er hatte bisher immer alles erreicht und es gab keinen Grund, daran etwas zu ändern.

Er hatte in der vergangenen Nacht wieder geredet. Seit er vor einem Jahr ausgeplaudert hatte, wie er Evas Vater im Pazifischen Ozean losgeworden war und sich mit dessen Geld und dessen Geliebter ein neues Leben aufgebaut hatte, war er sogar im Schlaf vorsichtiger geworden.

„Wie der Vater, so der Sohn“, hatte er in der vergangenen Nacht plötzlich gesagt und dabei gelächelt. – „Was meinst du damit?“, flüsterte sie vorsichtig in sein Ohr. – „Clayton hat damals geglaubt, ich würde ihm eine neue Existenz ermöglichen, was ich auch getan hätte, wenn ich nicht selbst in großen Schwierigkeiten gesteckt hätte. Nun ist es Seven, der sterben muss, damit ich so weiterleben kann wie bisher“, nuschelte er. – „Ist Seven Claytons Sohn?“, fragte sie erschrocken, worauf Palmer wachsam wurde.

Unvermittelt schlug er seine kalten Augen auf und schaute sie hellwach an.

„Was hast du da von einem Sohn gesagt?“, fragte er bedrohlich, worauf sie ihn zärtlich auf die Brust küsste und sich an ihn schmiegte. – „Ich hab gesagt: Ich wünsch mir einen Sohn! Entschuldige bitte! Ich glaubte, dass du das auch möchtest. Ich will einfach, dass du glücklich bist, mein Schatz“, brachte sie ruhig über ihre bebenden Lippen. Sie drückte dabei ihre Wange fest gegen seine Brust, um ihr Gesicht vor ihm zu verbergen. Evas verweinte Augen hätten die Lüge entlarvt. Ihr Herz hämmerte bis zum Hals, als Palmer einige Sekunden schwieg.

„Du weißt doch, dass ich mir von dir nichts sehnlicher wünsche, mein Täubchen“, flüsterte er gerührt und streichelte ihr zärtlich den Nacken. – „Ich möchte dich heiraten und vor der ganzen Welt meine Liebe zu dir bekennen. Ich wünsche mir nichts sehnlicher, als mit dir und unserem Sohn an einem schönen Plätzchen zu leben, wo der Kleine Spielkameraden hat, mit denen er glücklich aufwachsen kann", log sie weiter.

„Daran habe ich noch gar nicht gedacht. Natürlich kannst du mit unserem kleinen Frankie nicht mehr so leben wie bisher. Lass uns morgen darüber reden, Liebling! Ich bin müde. Glücklich und müde", seufzte er und küsste sie zärtlich. – „Ich auch", sagte sie mit erstickter Stimme, worauf er ihr Kinn sanft hob und in ihre verweinten Augen blickte. Gerührt über ihre Freudentränen presste er sie fest an sich und schlummerte wenig später ein.

Nachdem sich das beklemmende Gefühl um ihren Brustkasten langsam gelöst hatte, konnte sie wieder ruhig atmen. Sie würde in Zukunft höllisch aufpassen müssen, was sie aus Palmer herauszukitzeln versuchte, und – die Erkenntnis traf sie wie ein Faustschlag in den Magen – Seven war ihr Bruder. Er würde bald sterben, ohne dass sie ihm irgendwie helfen konnte.

„Eigentlich bin ich nicht besser als Palmer. Ich rette mein mieses Leben, indem ich meinen Mund halte", dachte sie verbittert. Manchmal wünschte sie sich, einfach nicht mehr weiterzuleben und so dem verdammten Teufelskreis zu entfliehen, in dem sie gefangen war.

Nachdem sie vor acht Jahren aus der Klinik entlassen worden war und keinen Sinn mehr im Leben gesehen hatte, war sie mit einer Schachtel Schlafmittel im Badezimmer vor Palmers Hausapotheke gestanden. „Nein, das kann es nicht gewesen sein. So will ich nicht gehen." Tief in ihr keimte etwas wie Hoffnung auf. Sie glaubte daran, dass auch sie irgendwann glücklich sein könnte, dass der ganze Albtraum einmal vorbei sein würde.

Nun stand sie, acht Jahre danach, wieder an der Klippe und sah keinen Ausweg mehr. Sie hatte Seven nur wenige Male gesehen und von Anfang an ein Gefühl der Vertrautheit empfunden. Sie hatten nie miteinander gesprochen und kannten sich nicht. Trotzdem hatte sie irgendwie gespürt, dass dieser Mann ihr etwas bedeutete, dass sie etwas verband.

Sie dachte daran, welch unbedeutende Figuren sie doch im grausamen Schachspiel Palmers waren, und ließ ihren bebenden Körper in der Tränenflut treiben. Dieses Mal würde sie den entscheidenden Schritt machen. Schlimmer konnte es nicht mehr werden.

Genève, Palais de Justice, 10.30 Uhr

„… ich schwamm also zu meinem besten Freund JC, um mit ihm diesen Moment des Triumphs zu genießen, und sah, dass er Tränen in den Augen hatte. ‚Ich habe Scheiße gebaut', sagte er zu mir. ‚Ein Scheich hat mir viel Geld dafür geboten, dass ich unseren Sieg verhindere. Hilf mir, Seven, ich habe Angst, dass ich nun dafür büßen muss!', fuhr er fort. Ich schwamm ganz nahe an ihn heran, versuchte ihn zu trösten, umarmte ihn und sagte ihm: ‚Mach dir keine Sorgen! Ich bin bei dir und gemeinsam werden wir das schaffen, so wie wir es bisher immer geschafft haben.'

Wir lagen einander in den Armen und weinten, als uns plötzlich jemand heftig an den Füßen packte und nach unten zog. Es dauerte einen Moment, bis wir realisierten, was da mit uns passierte. Weil ich Kontaktlinsen trage, kämpfte ich mit geschlossenen Augen und konnte nicht erkennen, was um uns herum geschah. Plötzlich ließ man mich los und ich stieg wieder zur Wasseroberfläche auf. Ich war verzweifelt und wusste nicht, was ich jetzt tun sollte.

Ich nahm die Kontaktlinsen heraus und tauchte noch einmal ab, um JC zu helfen. Ich konnte niemanden erkennen und hoffte, dass sich jemand von unseren Leuten einen Scherz mit JC erlaubt hatte, der selbst schon manchem einen bösen Streich gespielt hatte."

„Wann haben Sie realisiert, dass es kein Streich war?", fragte der Beamte, der an diesem Wochenende Bereitschaftsdienst hatte. Er war von seinem Vorgesetzten ins Präsidium bestellt worden, als er es sich eben mit seiner Freundin in den Bains des Pâquis gemütlich gemacht hatte.

„Mach ausfindig, wo sich dieser Mann aufhält! Sie hatten gestern Abend einen Empfang bei der Kantonsregierung und heute Abend wird ein großes Rock-Konzert mit anschließender Party steigen, das gleichzeitig auch als Gedenkfeier für den ermordeten Segler dient. Die spanische Polizei hat uns gebeten, den Mann zu vernehmen und ihn in Haft zu nehmen. Anscheinend ist seine Schuld nicht bewiesen und wir haben keine Möglichkeit, ihn festzunehmen. Versuch trotzdem, an ihn heranzukommen und zu beurteilen, ob es für eine Verhaftung ausreicht, ohne dass wir dabei unsere eigenen Gesetze übertreten!", hatte ihn sein Chef per Handy instruiert.

Seven Jones schien lange über die Frage nachzudenken und antwortete dann: „Dass JC nicht bei der Pokalübergabe dabei war, kam mir schon merkwürdig vor, konnte aber ebenso gut zu diesem Streich gehören. Nein, wirklich realisiert, was passiert war, habe ich erst, als man JC am Kiel festgebunden aus dem Wasser gezogen hat. Es war furchtbar und ich fühlte mich unendlich schuldig an dieser Tragödie. Ich hatte JC versprochen, dass ihm nichts passieren würde, und nur wenige Minuten später muss er unter furchtbaren Umständen umgekommen sein, ohne dass ich ihm geholfen habe. Ich hatte nach dem Erfolg, eine dumme Angewohnheit von mir, ein Röhrchen Kokain in meine Nase gezogen, um den Moment noch besser genießen zu können. Ich hatte keine Ahnung, was ich hätte tun sollen, und ich weiß es ehrlich gesagt bis jetzt noch nicht", meinte Seven kleinlaut.

„Sie hätten schon zu Beginn die Wahrheit sagen sollen. So hätte man wertvolle Zeit gespart und vielleicht wären die Täter schon in Haft", stellte der Polizist fest.

„Natürlich haben Sie recht, und jetzt würde ich das auch so machen. Vor vier Tagen jedoch ist alles über mich hereingestürzt. Wir hatten wirklich eine harte Zeit hinter uns und konnten endlich loslassen. In dieser Situation wurde ich in kürzester Zeit damit konfrontiert, dass mein bester Freund JC ein Verräter gewesen sein soll, und wenig später war er tot. Ich war total überfordert, überhaupt eine Entscheidung, geschweige denn eine richtige Entscheidung, zu treffen.

Wenn das ein Verbrechen ist, nehmen Sie mich fest und bestrafen Sie mich dafür! Glauben Sie mir, keine Bestrafung kann so schlimm sein wie die Schuld, die ich in Zukunft werde mit mir herumtragen müssen. Ich bitte Sie lediglich, dass Sie mich, von mir aus mit Polizeischutz, an der Bestattung von JC teilnehmen lassen …", bat Seven kleinlaut.

„So wie ich das sehe, haben Sie sich nichts zuschulden kommen lassen und meine Informationen decken sich mit Ihren Angaben, soweit ich es überprüfen kann. Dazu kommt, dass Sie sich von sich aus bei uns gemeldet haben, als Sie erfahren haben, dass Sie in Spanien als mutmaßlicher Mörder gesucht werden. Schauen Sie sich die Datei an, die heute Morgen von den Kollegen aus Valencia gemailt wurde!", forderte ihn der Polizist auf.

Überrascht sah Seven auf dem Bildschirm des Beamten, wie er zu JC schwamm, sich kurz mit ihm unterhielt und ihn dann umarmte. Seine Unruhe stieg, als sie beide verschwanden. Wenn man sehen könnte, wie er wieder auftauchte und kurze Zeit darauf mit den Anderen weiterfeierte, als ob nichts passiert wäre, würde seine Geschichte wie ein Kartenhaus zusammenfallen. War das Ganze hier eine Falle, wollte der freundliche Bulle seine Reaktion testen? Er musste jetzt cool bleiben und improvisieren …

Nach wenigen Sekunden tauchte Seven allein wieder auf. Wenig später schwenkte die Kamera weg, bevor er irgendetwas Verdächtiges gemacht hatte. Im Gegenteil. Man sah deutlich, dass er die Hände zu seinen Augen hob.

„Ich nehm die Linsen heraus“, bemerkte er und freute sich still darüber, dass die Kamera noch mitbekommen hatte, wie er sich das Salzwasser aus den Augen wischte. Bei dieser Geschichte konnte er getrost bleiben und keiner würde ihm das Gegenteil nachweisen können. Er hatte dafür gesorgt, dass es keine Beweise gab, und Palmer würde man sowieso niemals etwas nachweisen können.

„Ich danke Ihnen für Ihre Mitarbeit, Monsieur Jones. Ich werde dieses Gespräch und das Protokoll dazu den Kollegen in Valencia zukommen lassen. Die werden sich wohl auch noch einmal mit Ihnen unterhalten wollen. Ich gehe davon aus, dass Sie sich mit den Kollegen dort in Verbindung setzen werden, sobald Sie wieder in Valencia sind.

Selbstverständlich können Sie an der Beerdigung Ihres Freundes teilnehmen. Es liegt in der Schweiz nichts gegen Sie vor. Alles Gute und viel Kraft wünsche ich Ihnen“, sagte der Beamte, drückte Sevens Hand kräftig zum Abschied und blickte ihn voller Sympathie und Respekt an. Nein, dieser Mann war kein kaltblütiger Mörder.

„Danke“, sagte Seven leise und betroffen, während er innerlich jubilierte. Palmer würde stolz auf ihn sein.

Polizeipräsidium Valencia, 10.45 Uhr

Fuentes hatte Carmen und alle Offiziere der Abteilung zu einem Stabsrapport aufgeboten, nachdem der Zeitungsbericht die Weiterverfolgung der Strategie vom Vortag unmöglich gemacht hatte. Es galt, ein neues Vorgehen zu definieren, um den Auftraggeber und die Mörder zu schnappen.

„Jones hat sich heute Morgen freiwillig bei der Genfer Polizei gemeldet und wird in diesen Minuten befragt. Miguel hat sich darum bemüht, dass man ihn ausliefert, was jedoch kurzfristig nicht möglich sein wird, wenn Jones all seine Rechtsmittel in der Schweiz ausnutzt. Wenn der Kerl das schlau macht, können wir froh sein, wenn wir ihn vor unserer Pensionierung in die Finger kriegen. In der Schweiz soll es, wie in allen anderen Ländern der Welt, möglich sein, Einfluss auf die Justiz auszuüben, wenn auch auf einem exklusiv hohen Niveau.

Die Rechtslage ist so, dass wir erst in einem EU-Land wirkungsvoll auf ihn zurückgreifen können. Wir haben den Schweizer Kollegen deshalb gebeten, Jones wieder laufen zu lassen, sobald sie ihn vernommen haben. Wir sind gespannt, was er ihnen dort erzählt hat. Der Kollege wird sich so schnell wie möglich bei uns melden“, beendete Fuentes seine Ausführungen.

„Ich habe mir heute Morgen noch einige Zusammenschnitte angesehen und bisher keinen Hinweis auf den Mann gefunden, der Jones dieses Zeichen gegeben hat“, fuhr García fort. „Es handelt sich dabei offenbar um Applaus für hörbehinderte Menschen, der zwar in einer Masse gut sichtbar, jedoch bei einer solchen Veranstaltung trotzdem nicht zu auffällig ist. Leider hat unser mediengeiler Ex-Pädagoge mit manuellem Fokus gefilmt, sodass die Hand nicht automatisch scharf gestellt wurde, als sie im Vordergrund ins Bild rückte. Wir haben deshalb keine Möglichkeit, irgendwelche brauchbaren Details wie Schmuck oder eine Uhr zu identifizieren. Auch die Bilder der Ehrentribüne haben keine brauchbaren Ergebnisse gebracht. Viele dieser VIPs haben das Rennen auf irgendeiner Jacht verfolgt und sind erst für die Pokalübergabe zur Tribüne gekommen.

Sicher scheint mir, dass JC und Seven Jones in irgendeine üble Sache verwickelt waren. Beide haben jedoch keine Spuren zu irgendwelchen Personen hinterlassen, die einen Sinn ergeben würden. Wir haben uns entschieden, mit den TV-Leuten Klartext zu sprechen. Wir haben ihnen die Bilder gezeigt und ihnen erklärt, dass Seven unmöglich der Mörder sein kann. Weil wir nur an die Hintermänner herankommen, wenn er frei herumläuft und sich sicher fühlt, brauchen wir eine Öffentlichkeit, die ihn für unschuldig hält. Und genau dafür soll das Fernsehen sorgen. Es ist übrigens gleich elf Uhr. Das Interview von Fuentes und mir wird in wenigen Minuten über den staatlichen Sender gehen", schloss García.

Tatsächlich hatten die Reporter vom Fernsehen Wort gehalten und einen Bericht ausgestrahlt, der, ähnlich wie Sevens Lügengebilde in Genf, großes Verständnis für seine Situation schuf. Zudem hatte man den TV-Leuten den Mitschnitt eines fingierten anonymen Anrufs mitgegeben, auf dem Carmen mit verstellter Stimme meldete: „In der Universitätsklinik wird sich der verletzte Segler in die Luft sprengen. Er gehört einer radikal islamistischen Gruppe an und glaubt, er werde als Belohnung für seine Tat im Jenseits als Märtyrer mit siebzehn Jungfrauen belohnt. Um 12.30 Uhr wird er Besuch von einem Kurier erhalten, der ihm die Bombe bringen wird."

Seit den Attentaten vom 11. März 2004, bei denen in Spanien 191 Menschen getötet und über 2000 teilweise schwer verletzt wurden, gingen solche Anrufe regelmäßig bei der Polizei ein. Wie 9-11 in den USA war seither 11-M in Spanien ein Symbol für die feigen Angriffe, die junge, fanatische und bis zu blindem Gehorsam manipulierte Männer ohne jeden Skrupel ausführten.

Die Polizei musste solche Anrufe ernst nehmen, so absurd sie auch klangen, und diese Tatsache hatten García, Fuentes und Carmen genutzt. Der Anruf rechtfertigte im Nachhinein auch die missglückte Aktion der Antiterroreinheit, und weil damit gleichzeitig Seven entlastet wurde, hielt man sich den Rücken frei. Sie hatten es offensichtlich mit jemandem zu tun, der sich nicht an Regeln hielt, was auch sie dazu zwang, einige davon zu verletzen. Wenn es um Terrorbekämpfung ging, kannte man in den spanischen Medien wenig Kritik, und wer sich dennoch kritisch zeigte, wurde in die Ecke der Landesverräter gestellt, die derjenigen der Terroristen sehr nahe war.

„Der Anruf ging offiziell gestern um 11.37 Uhr bei uns ein und das ist alles, was es dazu zu sagen gibt“, schloss García seinen Teil ab.

Auch Ortegas Team hatte keine weiteren Ergebnisse aus den Filmaufnahmen gewinnen können. Es sei jedoch noch einiges an Material durchzusehen, bevor eine definitive Aussage möglich sei.

Ramírez meldete, dass man bei den Kiwis nun auch Fragen zu Seven und seinem Umfeld vorangetrieben habe, bisher jedoch zu wenig Informationen erhalten habe, um sich ein konkretes Bild zu machen. Was Fragen zu den Geldgebern betreffe, gäben sich die Neuseeländer äußerst zugeknöpft, was unter den gegebenen Umständen sicherlich nachvollziehbar sei. Jedenfalls sei man hier ebenfalls erst am Anfang der Arbeit.

Carmen schließlich meldete, dass die Spurensicherung das Erbrochene eindeutig Seven Jones zugeordnet habe und dass sein T-Shirt in einem der Container gefunden worden sei, die in der Bootshalle herumstanden. Offenbar hatte Jones damit versucht, die Sauerei zu putzen, und es danach in einem Plastiksack in den Müllcontainer geworfen.

„Der Bereich, in dem er sich übergeben hatte, ist danach nochmals besonders gründlich untersucht worden und dabei hat man doch noch etwas Merkwürdiges gefunden. An einer Verstärkung aus Kohlefaser hat man einen Streifen Teppichklebeband gefunden, der, gemäß Angaben der anwesenden Leute des Bootsbauteams, dort zwar nicht gestört, aber bestimmt nicht hingehört hat. Dort muss ein Kästchen befestigt gewesen sein, das ziemlich genau der Größe meines Handys entspricht", erklärte Carmen, wobei sie ihr eigenes aus der Tasche fischte. „4.5 mal 9.5 Zentimeter groß muss das Ding gewesen sein, das dort klebte, bevor Mister Jones es entfernt hat", stellte Carmen fest.

„Haben wir nicht im Wasser, wo der Mord geschah, ein Kästchen mit Display gefunden? Weiß jemand, wie groß das war?", fragte Fuentes in die Runde. – „Scheiße, du hast recht", schlug sich Carmen an die Stirn. „Dass ich da nicht selbst darauf gekommen bin. Das Ding liegt in einer Kiste in meinem Büro. Bin gleich wieder da", huschte sie zur Tür hinaus.

Während alle kopfschüttelnd auf die offene Türspalte schauten, die Carmen, neben ihrem angenehm riechenden Parfumduft, hinterlassen hatte, fragte Fuentes: „Na, Miguel, wann geht's denn nach Paris?" – „Eigentlich wollte ich nach dem Rapport am Nachmittag gehen, aber mir scheint, dass ihr auch ohne mich klarkommt. Wenn du nichts dagegen hast, werde ich nach dieser Sitzung aufbrechen und damit über drei Stunden mehr Zeit haben, um mein heutiges Etappenziel zu erreichen", lächelte García.

„Wohin soll's denn gehen?", fragte Ortega neugierig. – „Wir wollen über den Col de Puymorens bei Andorra fahren und dort irgendwo in den kühlen Bergen übernachten", antwortete García. – „Dort soll es ja so enge Straßen geben, dass man kaum kreuzen kann", mischte sich Ramírez ein.

„Ja, einmal soll dort ein Busfahrer sogar rückwärts hochgefahren sein", erzählte Fuentes. „Er traf auf einen Bauern, der seine Schafherde über die Straße trieb. Der fragte: ‚Warum fährst du denn rückwärts den Berg hoch?' Der Busfahrer antwortete: ‚Ich habe gehört, dass man in Andorra einen Bus nicht wenden kann. Jetzt fahre ich rückwärts hoch, damit ich dann vorwärts wieder herunterfahren kann.' Eine Woche später sei der Bus wieder den Berg heruntergekommen und der Zufall wollte es, dass der Bauer wieder am Wegrand stand. ‚Weshalb um Himmels willen fährst du jetzt wieder rückwärts den Berg herunter?', wollte der überraschte Bauer wissen. ‚Ich habe eben doch einen Platz zum Wenden in Andorra gefunden', meinte der Busfahrer stolz und winkte dem Mann beim Wegfahren fröhlich zu", beendete Fuentes seine Anekdote.

„Carlos, du bist ja ein richtiger Scherzkeks!", flapste Carmen, die den Raum unbemerkt wieder betreten und die ganze Geschichte mitbekommen hatte. „Soll ich auch noch einen Scherz zum Besten geben oder wollt ihr das Kästchen sehen?", fragte sie neckisch.

„Zeig her das Ding!", befahl García und Carmen zog theatralisch das Kästchen hinter ihrem Rücken hervor. „Bingo, 4.5 mal 9.5 Zentimeter! Passt genau. Jetzt müssen wir nur noch wissen, wozu der Kerl das Ding benutzt hat. Wenn wir so gut wären wie die Zauberer von CSI Miami, wäre das ein Klacks. Die könnten heute sogar noch feststellen, wann El Cid seinen letzten Furz in Valencia hat fahren lassen ...", scherzte Carmen weiter.

„Hohoho, langsam mit den Pferden! Lass unseren Nationalhelden in Frieden ruhen!", sagte García, der wusste, dass Ortega ein glühender Anhänger El Cids war. – „Also gut", erwiderte Carmen. „Mein Bruder ist Ingenieur der Elektrotechnik und Informationstechnologie und arbeitet als Assistent an der Universidad Politécnica de Valencia. Er ist ein absoluter Spinner, was technisches Spielzeug betrifft, und ich könnte mir vorstellen, dass er das Kästchen gerne einmal genauer unter die Lupe nehmen würde. Unsere Spezialisten sagen, dass dieses Gerät aus der Forschung stammen müsse und im Handel bestimmt noch nicht zu bekommen sei", war Carmen wieder bei der Sache.

„Dein Bruder soll zeigen, was er kann", ordnete Fuentes an. „Hast du sonst noch was, Carmen?" – „Jäh", antwortete sie unsicher. „Die Spurensicherung hat in Jones' Spind diesen Knopf gefunden", erklärte sie, wobei sie ein kleines, durchsichtiges Teil in den Händen hielt, das eine ähnliche Form hatte wie der Hut eines Pfifferlings. „Das Ding ist mit Elektronik vollgestopft. Die Kollegen von der Spurensicherung meinen, dass es sich um eine Art Hörgerät handelt, sind sich jedoch nicht sicher. Auch das würde ich gerne meinem Bruder geben", sagte Carmen halb fragend. „Wahrscheinlich ist er sowieso noch bei der Arbeit. Er hat keine Frau und beschäftigt sich sogar in seiner Freizeit vorwiegend mit solch technischem Zeugs."

„Ich glaube nicht, dass jemand etwas gegen deinen Vorschlag einzuwenden hat. Ich will einfach nicht, dass darüber wieder eine Titelstory in der Zeitung erscheint", meldete sich García. „Wenn du fertig bist, liebe Carmen, erkläre ich euch, was ich in Paris vorhabe. Zunächst werde ich mit den Kollegen die Aussagen der Verwandten durchgehen. Ich habe bereits beantragt, dass Jones ab seiner Ankunft in Paris ständig überwacht wird. Die Übermittlung der Ergebnisse hat bisher nur unbefriedigend geklappt. Auch darüber werde ich mit den Kollegen reden und sie bitten, dass wir ihre Resultate schneller bekommen. Danach werde ich mich täglich in den Server einloggen und die wichtigsten Aktualitäten abrufen.

Für Carlos bin ich jederzeit über das Handy von Consuelo erreichbar. An dieser Stelle muss ich Carlos wirklich ein Kompliment machen. Du hast den Laden prima im Griff und ich kann mit gutem Gewissen in die Ferien fahren, die ich bitter nötig habe. Wenn nichts mehr ist, würde ich jetzt noch gerne die Bestellungen für Feriensouvenirs aufnehmen. Für die Männer habe ich an gemahlenes Rentierhorn aus Lappland gedacht. Das sollte euch spanischen Stieren wieder auf die Sprünge helfen. Für dich, Carmen, werde ich einen blonden, blauäugigen skandinavischen Hünen mitbringen, damit endlich das Gebalze um dich herum ein Ende findet. Das wird ja langsam richtig peinlich. Wenn du lieber ein Stück getrockneten Fisch hast ..."

„Den kannst du dir sonst wohin schieben und mit kühlen Blonden kann ich sowieso nichts anfangen. Bring mir einen Norwegerpulli für die kühlen Nächte mit! Der hält einen immer warm, wenn man es nötig hat. Mehr will ich gar nicht", unterbrach ihn Carmen kratzbürstig.

„Spinnst du eigentlich? Weißt du, wie viel die Fetzen kosten?", tat García entrüstet. – „Mindestens 200 Euro. So viel sollte ich dir schon wert sein. Den Skandinavier hättest du nicht günstiger bekommen – oder warte! Sagtest du Paris? Ein kleines Schwarzes aus einer schicken Boutique oder ein nettes Pärchen Schuhe wär eigentlich auch ganz in Ordnung ..."

„Ja, Paris!", stimmten die Männer ins Wunschkonzert ein. – „Stopp!", unterbrach García den Tumult. „Ich habe nicht vor, mir bei Extremsportarten wie *Shopping in Paris* den Hals zu brechen. Ich werde Fuentes ein Mail mit Grüßen für alle schicken und damit hat sich's. Ich wünsche euch viel Erfolg. Nagelt mir das Schwein fest, das uns das alles eingebrockt hat! Wenn ihr mal über vierzig Grad im Schatten habt, denkt dran, dass ich mir am Polarkreis den Arsch abfriere oder irgendwo an einem gemütlichen schwedischen See vor Elchen oder Mückenschwärmen flüchte! Passt mir gut auf euch auf und ... Ortega?"

„Ja?" – „Weißt du, wer heute nach dir gefragt hat?" – „Nein, wer?", fragte dieser erfreut. – „Kein Schwein", foppte García. – „Hau ab, mach bloß, dass du wegkommst!", gab sich Ortega entrüstet. – „Mach ich, und ihr alle zusammen, macht's gut! Macht Spaß, mit euch zusammenzuarbeiten", verabschiedete sich García.

„Jetzt mach aber wirklich, dass du verschwindest, bevor wir hier in deiner Schleimspur ersaufen!“, scherzte Carmen und küsste ihn zum Abschied, worauf auch die anderen sich herzlich von García verabschiedeten. „Eigentlich habe ich gar keine Ferien mehr nötig“, dachte er und verließ vergnügt pfeifend seinen Arbeitsplatz.

Consuelo und Miguel Garcías Haus, 11.45 Uhr

García war, ohne sich zu ärgern, durch Valencias Verkehr nach Hause gefahren und stellte seinen Seat Alhambra in der Garage ab, wo er die nächsten vier Wochen bleiben würde. Er schaute ins Wohnmobil und stellte erfreut fest, dass alles gepackt und bereit für die Reise war, als er Consuelos glockenhelles Lachen aus dem Garten hörte.

Täuschte er sich, oder hatte er dieses Lachen in den letzten Jahren nicht mehr so oft gehört wie früher? Er würde daran arbeiten, dass sie es ihm wieder öfter schenkte, dachte er und ging auf den Garten zu, als erneut ein Lachen in seine Ohren drang. Es war das dröhnende Lachen eines Mannes. Einem Impuls folgend, blieb García stehen und hörte den Mann halblaut rufen: „Na warte, du süße Kleine, wenn ich dich erwische, dann bist du fällig, dann knuddle ich dich durch!“, worauf Consuelo wieder hell auflachte und den Mann bat aufzuhören. „Was werden bloß die Nachbarn denken?“

„Was kümmert mich das?“, erwiderte der Mann ungerührt. „Sind ja deine Nachbarn, nicht meine … Gleich hab ich dich!“, brüllte der Mann, worauf García der Kragen platzte. Mit energischen Schritten bog er um die Ecke. Er sah seine Frau im Bikini auf dem Liegestuhl liegen. Sie starrte gebannt zur anderen Hausecke, hinter der der Kerl verschwunden sein musste.

Wenige Sekunden später kam der Mann mit einem schwarzen Fellbündel im Arm zurück. Er blieb wie angewurzelt stehen, als er García mit verzerrtem Gesicht dastehen sah. „Hallo, Miguel!“, sagte der gut aussehende, gepflegte Mann, während Consuelo aufgeschreckt vom Liegestuhl aufstehen wollte und dabei hinfiel.

Als die beiden Männer sahen, dass sie sich nicht verletzt hatte, brüllten sie gleichzeitig los. Sie gingen auf Consuelo zu, die zwischen ihnen hin und her schaute und mit Tränen in den Augen ebenfalls ins Gewieher der Männer einstimmte.

„Mierda, Alejandro!“, presste García zwischen zwei Lachkrämpfen hervor. „Du hast mir eine Scheißangst eingejagt mit deiner blöden Verfolgungsjagd. Ich hab geglaubt, du wärst hinter Consuelo her und wolltest sie in unserem Garten vernaschen“, gestand García. – „Das kommt davon, wenn man unangekündigt drei Stunden zu früh von der Arbeit erscheint“, schmiegte sich seine Frau an ihn und küsste ihn herzlich auf den Mund.

„Du weißt, mein Freund, dass ich viel lieber dich vernaschen würde, wenn du nicht so schrecklich alt wärst!“, sagte Alejandro, während er einen Kniefall machte, den Labradorwelpen sanft auf den Boden setzte, Garcías Hand ergriff und diese küsste. Jeder hier kannte den extrovertierten Flamencotänzer und Choreographen und wusste, dass er auf Männer zwischen zwanzig und fünfundzwanzig stand.

„Wie alt bist du schon wieder?“, fragte García und schaute ihn streng an. – „Ähm, 22 im Dezember“, sagte Alejandro frech, worauf García erwiderte: „Na ja, das wirst du ungefähr schon seit dreißig Jahren sagen ... Aber du kannst dich trösten. So alt wie du aussiehst, kann man gar nicht werden.“

„Du Böser, du!“, sagte Alejandro mit einer gespielt tuntigen Handbewegung. „Das nächste Mal jage ich wirklich hinter

Consuelo her, um dich für deine Sünden zu bestrafen", drohte Alejandro. – „Und für welche Sünden werde ich damit bestraft?", fragte Consuelo schlagfertig, worauf Alejandro entrüstet auf den Liegestuhl niedersank und einen Schwächeanfall vortäuschte.

„Schieb ihn rüber auf sein Grundstück!", herrschte Consuelo ihren Mann an. „Wenn der uns hier die Schraube macht, können wir die Ferien vergessen. So können wir immer noch behaupten, wir hätten nichts bemerkt." – „Dann muss ich ihn tragen, sonst merken die von der Spurensicherung, dass er von hier auf dem Liegestuhl zu sich rübergeschoben wurde. Ich muss ihn rübertragen …", gab sich García professionell.

„Ja, bitte …", bettelte Alejandro. „… und ihn dann über den Gartenzaun werfen", schloss García. – „O. K. Ich ergebe mich und wenn ihr jetzt noch ein bisschen freundlich zu mir seid, werde ich mich in den nächsten vier Wochen um eure Pflanzen kümmern", setzte auch Alejandro der Posse ein Ende. – „Das ist lieb von dir, vielen Dank!", sagte García zu ihm und erhob sich. „Ich muss noch ein paar Dinge erledigen, bevor wir losfahren. Adiós, Alejandro", reichte er seinem Nachbarn die Hand, der einer der Menschen war, welche nie von sich aus ein Gespräch beendet hätten.

8. Juli 2007, Limoges, Frankreich, Autobahn A20, 12.30 Uhr

Bevor sie losgefahren waren, hatten sie ausgemacht, dass für jeden Streit auf der Reise eine Buße bezahlt werden müsse. Das war lange gut gegangen, was vielleicht auch daran lag, dass García praktisch die ganze Zeit hinten im Wohnraum am Handy hing und zwischen Valencia, Genf und Paris herumtelefonierte, während Consuelo ungestört über die Autobahn bretterte.

Als sie jedoch in Barcelona eine falsche Ausfahrt erwischt hatten, sackte die Stimmung ziemlich schnell ab, und bald waren Consuelo und Miguel ihre ersten 50 Euro los. Als sie fast eine Stunde später endlich wieder auf der richtigen Strecke waren, bewegten sie sich zügig auf die Pyrenäen zu, die man schließlich durch den Tunnel statt über den Pass bezwang.

So verbrachten sie den ersten Abend bereits in Frankreich und erlebten dort einen spektakulären Sonnenuntergang, den García aber erst genießen konnte, als ihm Consuelo klarmachte, dass er jetzt Ferien habe.

Am Morgen waren sie früh losgefahren und hielten später bei einem Restaurant an, wo sie ein französisches Frühstück mit Croissants, Pains au chocolat, starkem Kaffee und Kakao genossen. Für die musikalische Unterhaltung sorgte Garcías Sohn, der seinen iPod dabeihatte. Jeder konnte Titel nach seinem Geschmack auswählen und ohne großen Ärger raste García mit 120 Kilometern pro Stunde auf Paris zu. Er wusste, dass seine Kollegen, auch diejenigen in Paris, heute eine Sonderschicht schieben würden, nachdem Carmens Bruder in kürzester Zeit festgestellt hatte, worum es sich bei den beiden elektronischen Gadgets handelte.

Es seien beides Prototypen von Hightech-Geräten. Beim Pfifferling handle es sich um die Schale eines Schweizer Hörgeräts, das jedoch mit einem Mikromotor ausgestattet sei, der minimale Schwingungen erzeugen könne. Zudem habe das Ding einen Empfänger, der verschiedene Signale empfangen, jedoch keines senden könne. Es scheine so, als ob das Gerät verschiedene Funktionen habe, die man jedoch erst definitiv entschlüsseln könne, wenn man auch das dazugehörende Sendegerät besitze.

Jedenfalls handle es sich um Ware, an die man nicht herankomme, ohne das Interesse von Geheimdiensten auf sich zu ziehen, da man damit Nachrichten und Signale auf sehr diskrete Art und Weise empfangen könne. Auch beim Kästchen handle es sich um ein Gerät dieser Kategorie, es funktioniere jedoch mit einer vorläufig rätselhaften Übertragungsform.

Es sei zudem wesentlich komplexer und vielseitiger als das andere Teil und verfüge unter anderem auch über einen beträchtlichen Speicherplatz. Das Salzwasser habe das Gerät leider unbrauchbar gemacht. Die Komponenten und deren Verarbeitung seien jedoch vom Allerfeinsten, was man mit Beziehungen und viel Geld bekommen könne. In Spanien gebe es wahrscheinlich niemanden, der jemals ein solches Gerät zu Gesicht bekommen hätte.

Von den Schweizer Kollegen hatte García erfahren, dass Jones eine Geschichte erfunden habe, die sich am Anfang mit den vorhandenen Bildern gedeckt habe, danach jedoch eindeutig erfunden gewesen sei. Man habe ihm jedoch nach seiner Einvernahme einen Filmausschnitt gezeigt, der seine Aussage voll bestätigt habe, worauf er erleichtert und ohne Misstrauen den Posten verlassen habe.

Die Frau mit dem englischen Akzent habe noch einmal angerufen. Sie sei direkt mit Fuentes verbunden worden, der einen Teil seiner Ausbildung in Amerika genossen hatte und deshalb ebenso perfekt Englisch sprach wie Schwarzenegger, Banderas und andere Europäer, die in Amerika Karriere gemacht hatten.

Paris, Cimetière du Père-Lachaise, 15.30 Uhr

Er überließ nichts dem Zufall. Als ganz normaler Tourist schlenderte er nun seit über zwei Stunden auf diesem Friedhof herum. Die Beerdigung würde in genau vierundzwanzig Stunden stattfinden und er hatte den idealen Platz gefunden, um seinen Auftrag auszuführen. Das Mausoleum, auf dessen Dach er morgen um die gleiche Zeit liegen und seinen Schuss abgeben würde, war ungefähr 150 Meter vom Familiengrab der Duvals entfernt, wo JC beigesetzt werden würde. Er hatte diesen Kerl nie gemocht.

„Strauß? Heißt du wirklich so?“, äffte er seine erste Begegnung mit JC vor drei Jahren nach und dachte wütend daran, wie Palmer genüsslich seine Geschichte erzählt hatte. Es war ihm ein Vergnügen gewesen, sein Team zur Versenkung dieses arroganten Kerls zu führen. Es war ihre zweite und letzte Begegnung gewesen.

„Strauß – ah ja – hab von dir gehört. Frank hat mir von dir erzählt“, hatte Seven Jones gut gelaunt gemeint, als sie einander damals vorgestellt worden waren. Er hatte ihm frech in den

Schritt geschaut, ihn angelacht und gesagt: „Nichts mehr zu sehen. Na ja, das kommt davon, wenn man zu viel will", hatte ihn dieses arrogante Arschloch verhöhnt und ihn frech gefragt, ob Zehnkampf auch ein Sport sei oder ob das etwas sei wie Bingo.

Ausgerechnet dieser Lackaffe, der sich für unwiderstehlich hielt und von sich glaubte, dass jede Frau in Ohnmacht fallen müsste, wenn sie ihn nur zu Gesicht bekäme. „Scheiße, ich habe über 8000 Punkte erreicht und gehörte weltweit zu den fünf besten Athleten!", zischte er zwischen den Lippen hervor.

Für ihn waren diese Grinder gut bezahlte Drehorgelspieler, die sich auch noch etwas darauf einbildeten. Es würde ihm großes Vergnügen bereiten, diesem Trottel das Gehirn wegzublasen, und hier war der ideale Ort. Dafür nahm er gerne die Schmerzen in Kauf, auf dem Bauch zu liegen.

„Suchen Sie etwas, Monsieur?", wurde er plötzlich von hinten angesprochen. Strauß fuhr herum und sah einen Polizisten vor sich stehen. „Ähm – ja. Ich habe mich verlaufen. Ich bin ein großer Fan von Jim Morrison und suche sein Grab. Können Sie mir behilflich sein?"

„Sergent Roux, Division 44. Ich habe hier einen amerikanischen Touristen, der sich verirrt hat. In welcher Division ist Jim Morrisons Grab?", fragte der Mann in sein Funkgerät.

„Gefreiter Bochatay, Division 6. Morrisons Grab ist nur wenig von mir entfernt. Du kannst den Mann zur Grabstätte der Duvals beim Rond-Point Casimir-Périer bringen. Ich werde ihm von dort aus den Weg zeigen", meldete sich eine Stimme.

Der Polizist bat Strauß, ihm zu folgen. Gemeinsam gingen sie gemächlich und auf Umwegen in die gleiche Richtung, die einen Tag später seine Kugel auf ihrem präzisen und tödlichen Flug nehmen würde. Erstaunt stellte Strauß fest, dass es auf dem Friedhof von Polizisten nur so wimmelte.

„Was ist denn hier passiert?", fragte er interessiert. – „Morgen wird hier viel Prominenz erwartet. Es wird ein berühmter Sportler bestattet und Persönlichkeiten aus Politik und Wirtschaft werden an der Beerdigung teilnehmen. Wir werden das Gelände absichern, damit den Herrschaften nichts zustößt", erklärte der Beamte.

„Das ist aber schade. Ich wollte morgen, bevor ich wieder abreise, Blumen aufs Grab von Jim legen", lotete Strauß die Möglichkeiten aus, doch aufs Gelände zu gelangen. – „Wenn Sie vor zehn Uhr kommen, können Sie durch die Personenkontrolle durch. Danach wird das ganze Gelände nur noch für die Trauergäste zugänglich sein", erklärte ihm der freundliche Polizist, als sie das Familiengrab der Duvals erreichten, wo sie der Kollege von der Division 6 schon erwartete. Leider sprach der neue Mann praktisch kein Englisch, sodass Strauß an keine weiteren Informationen mehr gelangte, während er sich zum Grab des bekannten toten Musikers führen ließ.

„Auch so einer, dem die Frauen scharenweise zugeflogen sind. Bloß wegen lautem Geschrei", dachte er verächtlich, als er die vorwiegend jungen und teilweise hübschen Mädchen andächtig an Morrisons Grab stehen sah. Auch Strauß hatte zu seinen besten Zeiten viele schöne Frauen gehabt und konnte sich nur allzu gut daran erinnern. Nun hasste er jeden, der dieses Privileg genoss, ohne es wirklich mit Leistung verdient zu haben. Und Leistung beschränkte sich für ihn auf den exklusiven kleinen Kreis der Zehnkämpfer.

Seit seinem Rücktritt war er immer mehr zu einem frustrierten, missgünstigen und schlecht gelaunten einsamen Mann geworden. Palmer hatte diese Entwicklung mit gezielten Stichen gefördert. So konnte er bei jeder von Strauß' Aktionen sicher sein, dass dieser das Opfer als jemanden betrachtete, der den Tod mehr als verdient hatte. Palmer wusste, dass Strauß auch ihn hasste, dass seine Furcht vor ihm jedoch ungleich größer war.

Strauß setzte sich auf eine Bank und beobachtete unauffällig die Polizisten, die darüber diskutierten, wie sie das Gelände abzusichern gedachten. Sergent Roux hatte sich eine schöne Route ausgesucht, um durch den Sektor D zu patrouillieren. Sobald die Techniker aufgrund physikalischer Größen wie Winkel und Durchschlagskraft des Geschosses festgestellt haben würden, von wo der tödliche Schuss abgefeuert worden war, würde sich der freundliche Polizist einigen unangenehmen Fragen stellen müssen.

Zufrieden verließ Strauß den Friedhof. Palmer würde stolz auf ihn sein und er dachte wieder an den Ferrari. Mit dem würde er bei den jungen Mädchen auch wieder mehr Beachtung finden. Weiber standen einfach auf Typen mit Erfolg, dachte er verbittert. Er wollte endlich jemand sein.

Autoroute française

Javier und Lucía, die Kinder von Miguel und Consuelo García, waren sich kurz nach Toulouse wegen ihrer unterschiedlichen Ansichten über Musik in die Haare geraten. Man einigte sich darauf, dass jeder ein Stück nach seinem Geschmack auswählen und seine Wahl begründen konnte. Consuelo wünschte sich „Jump“ von den Pointer Sisters und sagte, sie mache Freudensprünge, weil sie endlich in die Ferien führen.

García wollte „When a man loves a woman“ von Percy Sledge hören, weil er immer wieder darüber staune, wie er an eine so tolle Frau wie Consuelo geraten sei. Für ihre Liebe sei nur dieser Klassiker schlechthin gut genug.

„Jetzt spinnt er!“, dachten die Kinder und schauten einander mit verdrehten Augen an. Als die Klänge aus der Hammondorgel zu hören waren, prusteten die beiden laut heraus. Nachdem García absolute Ruhe gefordert hatte, begannen der zwölfjährige Junge und das vierzehnjährige Mädchen in perfekter Choreografie ihre Oberkörper im Takt der Musik hin und her zu schwingen. Lucía stöhnte dabei leise und lustvoll auf, was ihr den tadelnden Blick ihrer Mutter einbrachte.

Lucía wünschte sich „Grace Kelly“ von Mika, worauf die Eltern fragten, wer denn das schon wieder sei. „Die aktuelle Nummer eins der spanischen Charts!“, wurden sie belehrt und als die Melodie ertönte, mussten sie sich eingestehen, dass der junge Mann wirklich etwas draufhatte. Natürlich würden sie das niemals zugeben.

Javier schließlich sagte, dass es für diese Fahrt nur einen Titel gebe, der passe, und legte in voller Lautstärke „Highway to Hell“ von AC/DC auf. Die Eltern konnten sich dabei schon beim Intro nicht zurückhalten. Ihre Körper und Mähnen zuckten im Rhythmus der Musik. Den Refrain schließlich brüllten sie alle vier in voller Lautstärke durch das Wohnmobil, als wären sie live auf der Bühne des Wembley-Stadions.

Die Franzosen wurden ihrem Ruf als risikofreudige Autolenker gerecht. Auf beiden Seiten rasten sie an ihnen vorbei und García schüttelte jeweils ungläubig den Kopf. Die Franzosen, die die Garcías während des AC/DC-Songs überholten, gaben ihrerseits dem großen dicken Gallier mit dem Hund und seinem Freund, dem kleinen Schlauen, recht, die vor fast zweitausend Jahren übereinstimmend gesagt hatten: „Die spinnen, die Iberer!“

Hätte jemand von ihnen Javiers Luftgitarrensolo gesehen, das er auf dem Rücksitz hinlegte, wäre die ganze Familie wegen „Erregung öffentlichen Ärgernisses“ von der Polizei aus dem Verkehr gezogen worden.

Erschöpft fragte man sich anschließend, wie man nach diesem Kracher wieder Boden unter den Füßen bekommen könne, worauf García die rettende Idee hatte. „Ich schlage vor, dass wir uns Highway to Hell in der Version von Wolfgang

Amadeus Mozart anhören“, sagte er triumphierend. Alle starrten ihn ungläubig an. „Bei Mozart heißt der Titel ‚Requiem‘. Javier, bitte!“, forderte er seinen Sohn auf.

Andächtig lauschten sie dem Klang des Fagotts, das melancholisch flüsternd aus dem Nichts über einem Hauch von Streichern schwebend in ein wunderschön klagendes Duett mit einer Klarinette scheinbar zum Himmel emporstieg. Dort verschmolz das Ganze zu einem zärtlich traurigen, aber bezaubernden Liebesakt, der sich nach wenigen Sekunden, von Streichern hochgepeitscht und von Pauken begleitet, zu einem ersten Höhepunkt steigerte.

Den Bruchteil einer Pause später übernahmen samtweich, aber trotzdem voller Kraft die Bässe für einen Takt das Kommando, bevor die Tenöre eine Quint höher einstimmten. Einen weiteren Takt später setzten die Frauenstimmen mit Alt und schließlich dem Sopran ein …

„Geht's noch lange?“, fragte Javier nach knapp zwei Minuten. Die Sopranistin hatte gerade ihr erstes Solo beendet. García, der mit geschlossenen Augen neben Carmen auf dem Beifahrersitz den Moment genossen und sich gefragt hatte, ob Musik glücklich machen konnte, wurde jäh wieder in die Realität katapultiert. Er wäre explodiert, wenn ihm Carmen nicht beruhigend ihre Hand auf den Oberschenkel gelegt hätte. García sparte fünfzig Euro und nach kurzer Diskussion einigte man sich darauf, von den vierzehn Sätzen jeweils mindestens die ersten dreißig Sekunden zu hören. García bestand jedoch darauf, dass das Confutatis in voller Länge gespielt würde.

Da beide Kinder den Film „Amadeus“ auf DVD gesehen hatten, kam ihnen dieser Satz, den der todkranke Mozart auf seinem Krankenbett im Fieberwahn haucht und dirigiert, bekannt vor. Plötzlich wurden auch sie von den Klängen gepackt. Beim Domine Jesu, kurz nach Limoges, klingelte Garcías Handy und er verzog sich für den Rest der Reise in den hinteren Teil des Wohnmobils, wo er sich ein mobiles Büro eingerichtet hatte.

Paris, Justizministerium,
Place Vendôme, 16.00 Uhr

Die Ereignisse hatten sich in der Zwischenzeit überschlagen. Nicolas Sarkozy, der neue französische Staatspräsident, hatte sich zur Trauerfeier angemeldet. Als bekannt geworden war, welche Geräte man bei Seven Jones gefunden hatte, schaltete sich der französische Geheimdienst in die Angelegenheit ein. Man wollte unter allen Umständen verhindern, dass sich der neue Präsident in irgendeine Gefahr begab, und bestellte García umgehend ins Justizministerium.

Damit er schnellstmöglich dort ankam, schickte man einen Helikopter los, der ihn in der Nähe von Châteauroux abholte. Consuelo musste mit den Kindern allein nach Paris fahren, wo die ganze Familie als Entschädigung für die Umstände auf Kosten der Französischen Republik wie Staatsgäste in einem Luxushotel untergebracht wurde. Eine Direktionsassistentin des Hotels hatte Consuelo und die Kinder bereits bei der Hoteleinfahrt abgeholt. Sie begleitete die Familie zu einem exklusiven Einkaufsbummel, damit man sich angemessen kleiden konnte. Der neue Präsident wusste offenbar genau, wie man Frauen, wenn auch nicht seine eigene, glücklich machte.

Gleichzeitig sprach García, der sich mit seinem Laptop in den Polizeiserver von Valencia eingeloggt hatte, über den neusten Stand der Ermittlungen. Die Zeit würde nicht mehr reichen, um das ganze Gelände wirklich abzuschirmen. Dem Präsidenten, der schon vor seiner Wahl von einem enormen Sicherheitsapparat beschützt worden war, konnte keine absolute

Sicherheit garantiert werden. Er würde deshalb wegen dringender Staatsangelegenheiten auf eine Teilnahme an der Trauerfeier verzichten.

9. Juli 2007, Paris, Cimetière du Père-Lachaise, 9.45 Uhr

Die Frau war wunderschön, hatte ausgezeichnete Manieren und studierte Psychologie an der Sorbonne. Um ihr Studium finanzieren zu können, arbeitete sie bei einem Unternehmen, das sich auf Begleitservice für gehobene Ansprüche spezialisiert hatte. Palmer hatte sofort reagiert, als Strauß ihm von der massiven Polizeipräsenz auf dem Friedhof berichtet hatte, und die Frau für ihn gebucht.

Strauß hatte es genossen, die junge attraktive Studentin auf Palmers Kosten auszuführen, und freute sich bereits auf die gemeinsame Nacht. Palmer hatte ihm aufgetragen, er solle sich als Journalist ausgeben, der sich auf Reportagen der besonderen Art spezialisiert hatte. Im Moment arbeite er an einem Buch, bei dem es darum gehe, wie man Sicherheitssysteme bei Veranstaltungen von großem öffentlichen Interesse umgehen könne.

Dabei sei er unter anderem auch schon so nahe an Präsident Bush herangekommen, dass er diesen mit einem Messer hätte angreifen können. Strauß könne der Studentin ruhig auch von seiner Vergangenheit als Sportler erzählen, meinte Palmer, was jener sehr gerne und ausführlich tat.

Strauß hatte sie ausgeführt, verwöhnt und ihr den Plan für den folgenden Tag erklärt. Anschließend wollte er sie auf sein

Zimmer mitnehmen und ein bisschen Spaß mit ihr haben. Sie machte ihm jedoch unmissverständlich klar, dass Sex nicht zu ihrem Angebot gehörte. Sie lehnte es sogar ab, nachdem Strauß auf eigene Kosten die Offerte erhöht hatte. Da er die Frau noch brauchen würde, musste er gute Miene zum bösen Spiel machen und verabschiedete sich freundlich von ihr, obwohl er innerlich gekocht hatte.

Sie hatte sich, wie vereinbart, als seine Tochter ausgegeben. Er selbst hatte sich als blinder, gehbehinderter Mann verkleidet. Sie gaben an, das Familiengrab besuchen zu wollen, das gemäß ihren Angaben in der Division 44 (von den 97 Abteilungen des Geländes) lag. Sie hätten vor, dort länger zu bleiben und danach noch ein Picknick zu sich zu nehmen, gab seine Begleiterin beim Eingang zu Protokoll, während sie die große Tasche zur Durchsuchung abgab.

Strauß stand, die Augen hinter einer dunklen Brille verborgen, daneben und stützte sich auf seinen Krücken ab. Sie kamen nur sehr langsam vorwärts und mussten ständig Rast machen. Strauß nutzte die Pausen, um die Polizisten zu beobachten.

Es dauerte fast zwei Stunden, bis sie ihr „Familiengrab" erreicht hatten, wo die junge Frau sich auf einer Parkbank rührend um Strauß kümmerte. Sie legte ihm die mitgebrachte Decke zurecht, als es zu regnen begann. Schnell räumte sie die Sachen zusammen. Unter einem großen Schirm gingen sie gemeinsam zum nahe gelegenen Columbarium, unter dessen runder Kuppel sie Schutz fanden. Jetzt mussten sie nur noch warten.

Strauß würde mit seiner „Tochter" unbehelligt zur Stelle in der Division 44 gelangen, wo er auf einer Bank eine längere Rast einlegen würde, bevor er das Mädchen mit einer Garrotte zum Schweigen bringen würde. Wenige Sekunden später würde er seine Gehhilfen zu einem Präzisionsgewehr umbauen.

Als die junge Frau beim Eingang gefragt worden war, wozu sie das Fernrohr in der Tasche hätten, hatte diese wie abgemacht geantwortet, dass ihr Vater mit dessen Hilfe die Grabinschrift noch entziffern könne. „Außerdem liebt er es, damit Blumen zu betrachten. Sie können es gerne hierbehalten, wenn Sie glauben, dass es eine Bedrohung für Sie darstellt", hatte sie dem Beamten schelmisch zugezwinkert, worauf dieser sie lächelnd durchgewinkt hatte.

Strauß hatte mit Palmer vereinbart, dass er ihm das Signal übermitteln würde, sobald er seine Position erreicht hätte, und dass er schießen dürfe, sobald das Zielobjekt unruhig werde, worüber Strauß sich besonders gefreut hatte. Nach dem Schuss würde er sich umziehen, das Gewehr und die Tasche bei der Leiche im Gebüsch verstecken und als einer der fliehenden Trauergäste dem Ausgang entgegen eilen. Es würde den Sicherheitskräften nicht gelingen, die panische Menge daran zu hindern, diesen Ort des Grauens fluchtartig zu verlassen.

Paris, Cimetière du Père-Lachaise, 15.45 Uhr

Palmer war mitten in der in Panik dem Ausgang zueilenden Menge und genoss seine Inszenierung. Wenn der Präsident an der Trauerfeier teilgenommen hätte, wäre das Risiko, entdeckt zu werden, zu groß gewesen. So hatte man immer noch einen großen Sicherheitsaufwand betrieben und wenigstens das Gelände, wo die Trauerfeier stattgefunden hatte, nach Sprengsätzen abgesucht. Mit einem blinden Heckenschützen indessen hatte niemand gerechnet.

Obwohl Palmer mit Strauß überaus zufrieden war, überlegte er schon einen Schritt weiter. Wenn Eva endlich seinen

Sohn in sich tragen würde, wollte er sein Leben anders gestalten und sich irgendwo in den Schweizer Bergen an einem glücklichen Familienleben erfreuen können. Die verkohlte Leiche von Strauß würde man irgendwo bei den Trümmern seiner explodierten Jacht finden, die er von Palmer als Dank für seine treuen Dienste erhalten würde. Palmer selbst würde dafür sorgen, dass er als verschollen galt. Eva würde ein schönes Erbe bekommen und er selbst hatte sich bereits stille Reserven eingerichtet. Der Rest seines sagenhaften Vermögens würde diversen Stiftungen vermacht werden, damit er der Nachwelt als einer der größten Wohltäter in Erinnerung bleiben würde.

Wie erwartet waren die Sicherheitskräfte überfordert und Palmer erreichte unbehelligt seine Limousine, in der Eva auf ihn wartete. Sie hatte kurz vor der Trauerfeier geklagt, sie fühle sich nicht wohl, worauf Palmer sie besorgt zum Wagen begleitet hatte, wo sie sich erholen und auf ihn warten sollte. „Vielleicht sind das bereits die ersten Anzeichen einer Schwangerschaft", dachte er erfreut und beglückwünschte sich insgeheim zu seiner enormen Manneskraft.

„Wie war's?", fragte Eva und Palmer erzählte ihr betroffen, was vorgefallen war, worauf Eva in Tränen ausbrach. Palmer nahm sie in den Arm und tröstete sie zärtlich. Evas hypersensible Reaktion war für ihn ein weiteres Anzeichen dafür, dass neues Leben in ihr keimte. Seine Saat war endlich aufgegangen.

Eva lag schluchzend in den Armen des Mannes, der ihren Bruder vor wenigen Minuten kaltblütig hatte umbringen lassen. Sie hatte dem spanischen Polizisten am Tag zuvor alles gesagt, was sie wusste, und ihm danach die ganze Datei per E-Mail geschickt. Sie hatte Palmer seit einem Jahr systematisch im Schlaf ausgefragt und praktisch alles über seine Geschäfte und Verbindungen herausgefunden.

Auf ihrem MacBook, über das Palmer immer spottete, hatte sie eine FileMaker-Datenbank erstellt, die sie als Adresskartei getarnt hatte. Dabei hatte sie das Layout so eingerichtet, dass die gespeicherten Daten von Palmer nicht sichtbar waren. Sie hatte Palmer sogar dazu aufgefordert zu schauen, was sie in ihrem Computerkurs alles gelernt hatte, worauf er sie nur mitleidig belächelt und lakonisch gemeint hatte, mit angebissenem Obst befasse er sich nicht.

Sie hatte gewusst, dass das Leben ihres Bruders gefährdet war, hatte jedoch geglaubt, dass sie noch mehr Zeit haben würde, um ihn zu retten. Sie hatte mit dem spanischen Polizisten, der ebenfalls in Paris war, während der Trauerfeier ein Treffen vereinbart, wofür sie Palmer ihre Übelkeit hatte vorgaukeln müssen.

Als Palmer gegangen war, hatte sie dem Chauffeur gesagt, dass sie etwas frische Luft brauche, und sich kurz darauf mit García am vereinbarten Ort getroffen. Der hatte ihr versichert, dass sie sämtliche Informationen erhalten hätten. Es seien ihnen jedoch im Moment die Hände gebunden. Einem Mann wie Palmer konnte man nicht einfach einige Hundert Polizisten in Unternehmen, Villen und Jachten vorbeischicken, um die von ihr gemachten Angaben zu überprüfen. Sie würden Palmer beobachten und ihren Hinweisen nachgehen, müssten jedoch sehr vorsichtig und diskret agieren, da Palmer ein Mann mit mächtigen Verbindungen sei.

„Das wirst du mir büßen, du Schwein!“, dachte sie und griff mit der linken Hand in ihr Täschchen. Sie ertastete den kleinen Revolver, der für den äußersten Notfall darin schlummerte.

García hatte während des Treffens plötzlich gestutzt und abrupt aufgehört, die Schwierigkeiten bei den Ermittlungen weiter zu erläutern. Angestrengt lauschend hatte er auf den Knopf in seinem Ohr gedrückt und gleichzeitig die andere Hand erhoben, um Eva zu signalisieren, dass sie einen Moment warten solle.

Nach einigen Sekunden hatte er die Augen geschlossen und beide Hände langsam sinken lassen. Betroffen hatte er ihr gesagt, dass etwas Schreckliches passiert sei und dass sie jetzt wieder zum Wagen gehen müsse. García war ohne weitere Erklärung davongeeilt.

„Nein, so billig kommst du mir nicht davon!“, dachte sie, ließ den Revolver los und holte ein Taschentuch hervor, mit dem sie sich ihre Tränen abwischte.

Palmer schaltete das Radio ein und sie hörten einen Reporter, der aufgeregt darüber berichtete, was für eine Tragödie sich auf dem berühmten Friedhof abgespielt habe. Ihr Wagen näherte sich einem Polizisten, worauf Eva sich versteifte. Nach einem kurzen Blick ins Wageninnere nickte ihnen der Beamte zu und winkte sie durch.

Strauß hatte gewartet, bis einige in feierliches Schwarz gekleidete Menschen an ihm vorbeigeeilt waren, und schloss sich diesen unbemerkt an. Als er an den Polizisten vorbeischlüpfen wollte, legte ihm jemand von hinten die Hand auf die Schulter. „Hätten Sie einen Moment Zeit, Monsieur?“, fragte ihn ein französischer Beamter, der neben einem untersetzten Südländer stand, welcher ihn aus tiefbraunen Augen interessiert anschaute.

„Irgendwie kommt mir der bekannt vor“, dachte Strauß noch, als es ihm siedendheiß einfiel. Diesen Mann hatte er vier Tage zuvor aus Sevens Zimmer kommen sehen. Sein Auftauchen hier konnte nichts Gutes bedeuten.

Paris, Justizministerium, Place Vendôme, 17.00 Uhr

Er konnte sich immer noch nicht erklären, weshalb er eigentlich hier saß.

„Ich bin ein persönlicher Freund Ihres Präsidenten. Und damit meine ich nicht den Polizeipräsidenten!“, hatte er den Beamten gedroht, die ihn bei seiner Ankunft im Hotel freundlich, aber bestimmt, aufgefordert hatten, sie ins Justizministerium zu begleiten.

„Monsieur Palmer, excusez-moi, dass wir Sie ’aben warten lassen. Wir sind jetzt soweit“, sagte eine Beamtin freundlich zu ihm. Er erwiderte darauf genervt, dass er ohne Anwalt keinerlei Aussage machen würde. Seine Mittel seien beträchtlich und sie würden es noch bereuen einen Ehrenmann wie einen Verbrecher zu behandeln.

„Sie werden nischt su einem Verhör geführt, Monsieur“, antwortete die zierliche Frau überrascht. „Es ist – wie sagt man – plutôt une démonstration. Wir brauschen Sie für unsere Ermittlungen. Sie sind ein – comment dit-on, témoin – ein Seuge. Sie werden keine Aussage ohne Ihren Anwalt maschen müssen“, antwortete die Frau erstaunt, worauf Palmer seine Fassung wiederfand und sich insgeheim darüber aufregte, dass er sich so hatte gehen lassen.

Er folgte der Frau durch einen langen Korridor, erfreute sich ihres anregenden Gangs und der durchtrainierten Waden, welche unter dem Deuxpièce hervorlugten und ausgezeichnet zum edlen Parkett passten, über das sie schritten. Plötzlich überkam ihn das Verlangen nach Eva: Mehr Zeit, gemeinsame Zeit mit ihr zu verbringen, alle seine nervenaufreibenden Geschäfte zu verkaufen und sich ganz seiner Liebe und dem erwarteten gemeinsamen Sohn zu widmen.

Aus seinen Tagträumen gerissen, betrat Palmer einen Konferenzraum, in dem ein Dutzend Personen an einem großen Tisch saßen. Palmer wurde freundlich begrüßt, wobei man sich erneut für die Umstände entschuldigte und ihm einen Platz zuwies.

„Wir würden Ihnen gerne einige interessante Dinge zeigen, wenn Sie gestatten?“, sprach ihn einer der Anwesenden freundlich an und nickte anschließend dem Beamten am Abspielgerät zu. Man führte einen Film vor, der Palmer dabei zeigte, wie er inmitten des Tumults nach dem Anschlag auf Seven Jones, ruhig zwischen den in Panik herumrennenden Menschen hindurchging, einige Sekunden auf dem Boden kauerte, sich dann wieder erhob und weiterging.

„Sie haben mich gefilmt. Na und?“, fragte der nun wieder etwas verunsicherte Palmer kühl.

„Sie haben dem Ermordeten kurz vor dem Anschlag eine Nachricht geschickt und dann sein Handy verschwinden lassen“, führte der Beamte aus.

Nach kurzem Überlegen konterte Palmer: „Ist es ein Verbrechen Nachrichten abzuschicken? Ja, ich machte Seven für den tragischen Tod von JC verantwortlich und und das wollte ich ihm mit meiner Nachricht mitteilen. Als dann unmittelbar danach das Verbrechen geschah, geriet ich in Panik und wollte die Nachricht verschwinden lassen. Ich kann es mir nicht leisten, mit einem Mord in Verbindung gebracht zu werden. Ich habe einen Fehler gemacht, jedoch weder ein Verbrechen begangen, noch den Auftrag dazu gegeben. Haben Sie bei Ihrer zweifelhaften Komödie noch etwas anderes zu bieten oder kann ich nun gehen?“, fragte Palmer, der wieder ganz Herr der Lage war. Es warf zwar ein ungünstiges Licht auf ihn und es war ihm auch unangenehm, aber man würde ihm aufgrund dieser Bilder niemals etwas nachweisen können.

„Kennen Sie einen Brian Clark?“, fragte der Beamte weiter, worauf Palmer ehrlich antwortete:

„Nein, wer soll denn das sein?“

„Sie dürften ihn unter seinem Spitznamen ‚Strauß‘ kennen“, ergänzte García, der ebenfalls am großen Tisch saß, und sich nun auch einschaltete.

„Ja, natürlich kenne ich den Mann. Ich nenne ihn schon seit über zwanzig Jahren Strauß, sodass mir sein richtiger Name nicht mehr geläufig war. Werde ich jetzt festgehalten, weil ich einen Namen vergessen habe? Was ist mit ihm?“, fragte Palmer barsch.

„Er wird dringend verdächtigt, Seven Jones erschossen zu haben, nachdem er sich mit einer jungen Französin Zugang zum Friedhof verschafft hatte. Die junge Frau lag erdrosselt in einem Gebüsch. In ihrer Nähe fand man ein Präzisionsgewehr und eine Tasche. Die Indizienkette, bestehend aus den Spuren und Bildern vom Tatort, sowie die gemachten DNA-Tests, sollten für eine Anklage reichen“, antwortete García und blickte in Palmers kalte Augen.

„Mein Gott, das – das ist ja furchtbar! … Ja, so könnte es gewesen sein … Strauß ist … – er arbeitet für mich – er ist ein verbitterter, frustrierter Mann. Ich kann mich daran erinnern, dass sich Seven mehrmals über ihn lustig gemacht hatte, wegen … – Na ja – ich möchte nichts Schlechtes über Strauß sagen, aber er hat Seven wohl gehasst. Ich weiß, dass Strauß aggressiv sein kann. Dass er jedoch dazu fähig sein soll, eine unschuldige Frau umzubringen und kaltblütig einen Mann zu erschießen … Nein, das erschüttert mich!“, erwiderte Palmer leise und betroffen.

„Ich verstehe jetzt auch, weshalb ich hier bin. Ich versichere Ihnen, dass ich alles Menschenmögliche tun werde, um Ihnen bei der vollständigen Aufklärung zu helfen“, heuchelte er. Palmer wusste, dass ihn Strauß niemals belasten würde und konnte. Er verfügte zwar über viele Informationen, würde jedoch keine davon beweisen können. Die einzige Chance für Strauß bestand darin, die ganze Schuld auf sich zu nehmen. Palmer würde jeden Hebel in Bewegung setzen, damit Strauß eine möglichst angenehme Haftzeit verbüßen könnte. Die Zeit danach würde er ihm vergolden. Dass Strauß sich gegen ihn wenden und als Kronzeuge der Anklage auftreten könnte, war undenkbar. Strauß war auf Gedeih und Verderb von Palmer abhängig und das wussten sie beide.

„Gibt es sonst noch etwas, worüber Sie mit mir sprechen möchten?“, fragte Palmer freundlich und hilfsbereit. Er war überrascht, wie schnell die Polizei reagiert hatte. Gleichzeitig war er überzeugt, dass bis zu ihm keine Spur führte, die ihn wirklich in Schwierigkeiten bringen konnte. Er alleine verfügte über das Wissen, welches ihm das Genick hätte brechen können.

„Ja, Señor Palmer“, sagte García, der rundliche, kleine Mann mit dem großen Schnurrbart und den beinahe schwarzen Augen, der Palmer irgendwie bekannt vorkam. „Mit welchen Aufgaben haben Sie Strauß in Ihrem Unternehmen betraut?“

„Schauen Sie …“, begann Palmer und erzählte den Anwesenden eine rührselige Geschichte vom gescheiterten und abgestürzten Spitzensportler, den er aus der Gosse gefischt hatte.

„… auch wenn Strauß nicht gerade durch enorme intellektuelle Fähigkeiten brilliert, hat er mir im Bereich Personenschutz stets gute Dienste erwiesen, für die ich ihn sehr geschätzt habe – Verzeihung – schätze. Sollte er diese abscheuliche Tat wirklich begangen haben und verurteilt werden, kümmere ich mich weiterhin um ihn. Ich werde ihm einen Anwalt stellen und dafür sorgen, dass er es auch im Gefängnis so gut wie möglich hat. Ich bedauere den Tod von

Seven über alle Maßen, es stellt einen enormen Verlust für mich dar. Er war wie ein Sohn für mich. Trotzdem fühle ich mich auch für Strauß irgendwie verantwortlich und bin über seine Tragödie erschüttert und betroffen", gab sich Palmer fürsorglich.

„Kann ich sonst noch etwas für Sie tun?", fragte er schließlich.

„Sie erwähnten Ihre Beziehung zu Seven. Wie haben Sie sich kennengelernt?", fragte García weiter.

„Ich war mit Sevens Vater befreundet. Nach meinem Studium haben wir gemeinsam Geschäfte gemacht. Ich habe Seven aufwachsen sehen, verlor ihn jedoch nach dem tragischen Tod seines Vaters aus den Augen. Der Zufall wollte es, dass wir uns nach Jahren wieder begegneten. Weil er immer noch ein ausgezeichneter Segler war, vermittelte ich ihn zum neuseeländischen America's-Cup-Team ‚Black Magic', das ich finanziell und administrativ unterstützt habe", sagte Palmer ausnahmsweise beinahe die Wahrheit.

„Sie müssen eine Stinkwut auf Seven gehabt haben, als er für die Schweizer zu segeln begann", versuchte García Palmer auf glatteres Parkett zu führen.

Palmer lächelte ihn an und erzählte, innerlich triumphierend, die ganze Wahrheit: „Das könnte man meinen. Das Gegenteil war jedoch der Fall. Nachdem man teamintern, gegen meinen Willen, statt auf eine neue, revolutionäre Jacht auf die herkömmliche gesetzt und den Cup verloren hatte, verließ ich das Team ‚Black Magic' im Streit. Als Seven mir das Angebot der Schweizer zeigte, bestärkte ich ihn darin, diesen Schritt zu wagen. Ich bin stolz auf die Leistungen, die JC und Seven gezeigt haben."

„Sie sollen dem neuseeländischen Team inzwischen wieder wohlgesinnt sein. Hat es Sie nicht enorm geärgert, trotzdem wieder verloren zu haben?", hakte García nach.

„Natürlich hat mich das nicht gefreut. Ich gebe zu, ich verliere nicht gerne. Geht es Ihnen nicht ebenso?", fragte er in die Runde und erntete beifälliges Nicken.

„Schauen Sie: Wir haben ein herausragendes sportliches Ereignis erlebt und ich war ein Teil davon. Im Nachhinein bin ich stolz darauf zu diesem Spektakel beigetragen zu haben. Ich gönne den Schweizern den Erfolg von Herzen. Sie waren besser, glücklicher und haben gewonnen. So ist der Sport!", umschiffte Palmer auch diese Klippe und begann seinen Auftritt zu genießen.

„War's das?", fragte er mit einem gewinnenden, in sein Gesicht gemeißeltes Lächeln.

„Noch nicht ganz", fügte García knapp an, dem ein Beamter ein Dossier gebracht hatte. „Uns liegen Unterlagen vor, die Sie mit dem Verschwinden von Clayton Jones in Zusammenhang bringen ..."

„Nun ist es aber genug!", wurde er von Palmers Anwalt unterbrochen, der kurz zuvor den Konferenzraum betreten und sich neben seinen Mandanten gesetzt hatte.

„Lass es gut sein!", gab sich Palmer siegessicher. „Ich bin wirklich gespannt, was der Herr uns als nächsten Gang auftischen will."

„Danke, Señor Palmer! Gemäß unseren Recherchen verliert sich Ihre Spur zeitgleich mit dem Verschwinden von Clayton Jones. Danach hört man längere Zeit nichts mehr von Ihnen. Sie werden begreifen, dass wir da gerne von Ihnen wissen wollen, was sich in der fraglichen Zeit ereignet hat?", setzte García seine Befragung fort.

„Da habe ich aber wirklich etwas mehr erwartet!", machte sich Palmer über Garcías Versuch lustig, ihn aus dem Konzept zu bringen.

„Ich weiß beim besten Willen nicht, was dies mit dem Anschlag auf Seven zu tun hat, aber ich will Ihnen gerne Auskunft geben. Wie Sie bestimmt wissen, habe ich in dieser Zeit bei einem Geschäft zu viel riskiert und dabei Totalschaden erlitten. Ich war dabei, diesen Misserfolg zu verarbeiten. Auch die Tatsache, dass mehrere Hundert Mitarbeiter ihren Job verloren hatten, machte mir arg zu schaffen. Als ich dann noch vom tragischen Unglück meines Freundes Clayton Jones erfuhr, hat mich das dermaßen erschüttert, dass ich alle Zelte abbrach und in Brasilien ein neues Leben begann. Ich hatte auf einer Schweizer Bank ein Notfallkonto eingerichtet, welches mir diesen Neustart ermöglichte. Nach kurzer Zeit wurde mir das Leben als Frührentner aber zu langweilig. Erfolgreich startete ich meine zweite Karriere als Geschäftsmann.

Wie gesagt: Wenn ich Ihren Ermittlungen in irgendeiner Art behilflich sein kann, stehe ich zur Verfügung. Ich bin jedoch nicht mehr bereit, zu Spekulationen Auskunft zu geben, die mit dem Fall nicht das Geringste zu tun haben und die, wenn ich mich nicht irre, der Verjährungsfrist unterliegen!“, schloss Palmer seine Ausführungen.

„Dafür haben wir Verständnis und wir danken Ihnen für die Kooperation. Trotzdem möchten wir Ihnen zum Schluss noch etwas zeigen“, antwortete García und nickte der Beamtin beim Eingang zu.

„Eva! – Was tust du hier, meine Liebste?“, rief Palmer überrascht aus, als diese den Raum betrat. „Das ist meine zukünftige Frau. Sie ist schwanger. Ich verlange, dass Sie darauf die nötige Rücksicht nehmen. Sie hat mit der ganzen Sache nicht das Geringste zu tun“, ereiferte sich Palmer und blickte zu seinem Anwalt.

„Miss De Souza, die ich hier ebenfalls vertrete, verweigert jede Aussage. Ich beantrage eine Unterbrechung dieser Anhörung, damit ich mich mit meinen Mandanten besprechen kann“, trumpfte dieser auf.

„Lass nur, Frank. Mir geht es gut! Ich bin nicht die Mandantin von Mister Palmers Anwalt“, sagte Eva und schloss ihr

MacBook an den Beamer an. Palmer fragte sich, was das solle. Wie immer wollte er eine abfällige Bemerkung über angebissenes Obst machen, ließ dies jedoch sein, als Eva ihre spezielle FileMaker-Datei öffnete, die sie als Adressbuch getarnt hatte. Die Adresse einer Frau wurde auf die Leinwand projiziert.

„Kann mir jemand sagen, was das Ganze hier soll? Wollt ihr etwa eine Köchin, die ich vor Jahren mal in Sankt Moritz beschäftigte, mit diesem Mord in Verbindung bringen? Eva, was tust …“, blieb ihm das Wort im Hals stecken, als Eva das Layout änderte und die ganze Information auf der Leinwand erschien:

„Frank Palmer erschoss in der Nacht vom 12. auf den 13. Juni 1999 Dean Spencer, geboren am 5. April 1975 in Napier, Neuseeland. Dean, der sowohl mein Geliebter als auch mein Bodyguard war, wurde von Palmer erschossen, während wir uns liebten. Deans Leiche ist von JC Duval und Seven Jones im, kurze Zeit später erweiterten, Swimmingpool einbetoniert worden.“

„Hören Sie, das ist doch lächerlich. Ich beantrage erneut, dass diese Posse unterbrochen wird. Ich weiß nicht, was Sie mit Eva gemacht haben, aber ich kann und werde es nicht zulassen, dass Sie unser Liebesglück zerstören. Dies wird ernsthafte Konsequenzen für Sie haben, meine Damen und Herren!“, drohte Palmer unverhohlen.

„Eva, ich weiß, dass du eine schwere Zeit durchgemacht hast! – Sie müssen wissen, dass Eva damals in einer psychiatrischen Klinik war, weil sie unter Wahnvorstellungen und Depressionen litt. – Das ist doch alles vorbei, mein Schatz! Hör jetzt auf mit dem Blödsinn! Wir werden das gemeinsam schaffen …“, gab sich Palmer besorgt und immer noch siegesgewiss.

„Wir haben gestern mit dem jetzigen Besitzer der Villa gesprochen“, erklärte García. „Er meinte, den Pool habe er noch nie leiden können. Mit seinem Einverständnis hat die örtliche Polizei heute Morgen einen Bagger auffahren lassen. Noch vor der Trauerfeier fanden sich verdächtige Spuren. Inzwischen wurde uns bestätigt, dass man im Fundament des Pools auf eine ausgezeichnet erhaltene Leiche gestoßen ist. Konkrete Erkenntnisse liegen aber noch nicht vor. Im Moment ist man mit Hilfe von Archäologen dabei, die Leiche möglichst schonend freizulegen."

„Eva, wie konntest du mir das antun? Ich werde keine Aussage mehr machen. Sie bluffen doch nur!", erwiderte Palmer aus der Defensive heraus.

„Denk an unser gemeinsames Kind. Willst du unser Glück aufs Spiel setzten? Du weißt, dass ich mit alldem nichts zu tun habe. Eva, ich bitte Dich! Möchtest Du, dass unser Sohn ohne Vater aufwächst? Eva!", versuchte Palmer seine Haut zu retten.

„Ich weiß, wie es sich anfühlt, ohne Vater aufzuwachsen", spie Eva hasserfüllt zurück. „Du hast ja selbst dafür gesorgt! Du hast meinen Vater im Pazifik ertrinken lassen, während du mit seinem Geld und seiner Geliebten, meiner Mutter, dein neues Leben aufgebaut hast!", schleuderte sie Palmer an den Kopf, der sie ungläubig anstarrte.

„Übrigens, ich werde niemals ein Kind von dir bekommen. Eher würde ich mich umbringen. Ich brauche mir darüber aber auch keine Sorgen zu machen, Frank Palmer. Du bist ungefähr genauso potent wie ein Maulesel. Einen Sohn wirst du also niemals geschenkt bekommen, du verdammtes Arschloch!", brüllte sie ihn wütend an.

„Ich hätte dich damals zusammen mit diesem Idioten Spencer erschießen sollen, du undankbare Schlampe!", schrie Palmer, zutiefst in seinem Stolz verletzt, zurück.

Als er sich auf sie stürzen wollte, wurde er von einem kräftigen Beamten, der hinter ihm postiert war, abrupt aufgehalten und krachte ächzend zu Boden.

„Das wirst du mir büßen! Du weißt, was ich mit Verrätern mache", keuchte Palmer, bäuchlings am Boden liegend, während der Beamte über ihm mit einem Kabelbinder die Handgelenke seiner manikürten Hände zusammenband.

„Ja, das weiß ich! Du hast mir vor wenigen Stunden meinen Bruder genommen, von dem ich mein ganzes bisheriges Leben nichts wusste. Ich glaube, dass ich genug gebüßt habe. Jetzt bist du an der Reihe. Du bist erledigt, Palmer. Ich kenne alle deine Geheimnisse. Du bist immer darauf bedacht gewesen, sie für dich zu behalten, aber wenn du schläfst, bist du eine hemmungslose Plaudertasche. Du verdammter Vollidiot!“, zischte sie bedrohlich. „Du wirst im Gefängnis verrotten, während ich die Chance bekomme, endlich zu leben“, sagte sie schließlich leise zu Palmer, während sie von García aus dem Raum geführt wurde.

In Garcías Begleitung brach die junge Frau in einem der langen Gänge des Ministeriums schluchzend zusammen. Zeitgleich drangen rund um den Globus Polizisten in Palmers Firmen, Häuser und Jachten ein. Dabei wurde Material sichergestellt, das Palmer für den Rest seines Lebens hinter Gitter bringen würde.

Eva kauerte zerbrechlich und wie ein Häufchen Elend, mit von Weinkrämpfen bebenden Schultern, auf dem edlen Boden des prunkvollen Palasts. García stand hilflos daneben und blickte unentschlossen auf die zierliche Frau hinab, der von Mascara geschwärzte Tränen über die Wangen liefen. Schließlich ging auch er in die Knie, legte behutsam sein Jackett um Eva, streichelte ihr sanft und tröstend den Rücken, war einfach da …

Stefan Grunder

wurde 1965 geboren. Er lebt mit seiner Familie in Adelboden, einem bekannten Ferienort in den Schweizer Bergen. Bis 1990 war er als, oft verletzter, Skirennfahrer unterwegs. Danach hat er im Winter als Coach oder Skilehrer und im Sommer als Guide von Rafting- und Canyoning-Trips gearbeitet. Mit dreißig Jahren begann er eine Lehrerausbildung. Seit 1998 unterrichtet er als Klassenlehrer einer gemischten Realklasse Jugendliche zwischen zwölf und sechzehn Jahren.

Mord im Heim

Helmut Thiemann

Angesehen, in leitender Position tätig, lange verheiratet – das war Tobias Neber, bis er tot auf dem Parkplatz des „Karls-Heims" gefunden wird. Erschossen aus kurzer Distanz. Aber von wem? Und: warum? Kommissar Overbeck übernimmt den Fall und stößt schon nach kurzer Zeit auf Ungereimtheiten.
Ein spannender Roman, der auch realistische Einblicke in die alltägliche Arbeit der Polizei vermittelt. Wo andere ihre Pistolen zücken und wild um sich schießen, dort setzt Overbeck lieber sein Gehirn ein. Der Roman beruht auf einigen wahren Begebenheiten.

ISBN 978-3-85022-043-9 · Format 13,5 x 21,5 cm · 94 Seiten
€ (A) 15,90 · € (D) 15,50 · sFr 28,50

Schlussakkord

(in Dur oder Moll)

Helga Engin-Deniz

„Mark Gutmann, der geniale und weltberühmte Pianist, stürzt beim Schifahren in eine Gletscherspalte."– Das geben jedenfalls mehrere Zeugen übereinstimmend zu Protokoll.
Trotz intensiver Suche nach dem Verunglückten wird er weder lebend, noch tot gefunden.
Jahre später wird bei der Einreise in die USA ein Mann namens Felix Sommer als mutmaßlicher Terrorist festgenommen und inhaftiert. Durch unerträgliche Haftbedingungen entkräftet und die drohende Todesstrafe vor Augen will Felix Sommer seine wahre Identität bekannt geben und den Beweis erbringen, dass er der weltberühmte Konzertpianist Mark Gutmann ist …

ISBN 978-3-902536-51-8 · Format 13,5 x 21,5 cm · 244 Seiten
€ (A) 15,90 · € (D) 15,50 · sFr 28,50

Melli Stoll

Sommer. Liebe. Mord.

Sabrina Schmidt

Melanie Stark ist eine junge und hübsche Frau bis sie den jungen, feurigen Spanier Carmelo kennen und lieben lernt. Plötzlich wird das gemeinsame Glück getrübt: Rund um ihren Geliebten sind auf einmal mysteriöse Todesfälle zu beklagen, seine Arbeitgeberin stürzt die Treppe hinab, sein ehemaliges Kindermädchen wird erschlagen, seine engste Freundin stürzt mit ihrem Auto einen Abgrund hinunter. Schon sehr bald wird klar, dass auch Melli in höchster Gefahr schwebt. Doch wie es scheint, ist es schon zu spät, als endlich klar wird, wer hinter diesen schrecklichen Ereignissen steckt …

ISBN 978-3-85022-103-0 · Format 13,5 x 21,5 cm · 162 Seiten
€ (A) 16,90 · € (D) 16,40 · sFr 30,10

erniedrigt diesen. Er bemüht dabei eifrig Tiermetaphern: „tierischer als jedes Tier“ und die „Zikade“, denn der Mensch ist nach Mephistopheles wankelmütig und unstet. Sich einmal mit dem und einmal mit jenem beschäftigend, ist er neugierig und kümmert sich um Dinge, von denen er eigentlich nichts versteht. Er ist außerdem maßlos in seinen Wünschen und Forderungen: „Vom Himmel fordert er die schönsten Sterne, / Und von der Erde jede höchste Lust“ (V. 304 f.) – und schwankt zwischen Extremen, ohne wirklich eine Entwicklung durchzumachen. Dem stellt der **Herr** ein ganz anderes, teleologisches, d. h. mit einem festen Ziel verbundenes Menschenbild entgegen. Er verdeutlicht hier Goethes Entelechiegedanken (echein: heben, telos: Ziel) von der unvermeidlichen Aufwärtsentwicklung des Menschen zu Gott hin: Der Herr blickt wohlwollend und gütig auf den Menschen, in der Gewissheit, dass dieser Mensch den Weg zu seinem Ursprung finden wird, der zugleich das Ziel, nämlich Gott ist. Der Herr spricht statt vom sprunghaften, zikadenhaften Wechsel von einem Gegenstand zum anderen lieber von Irrtum und macht diesen zum Wesensmerkmal des Menschen, das ihn – neben der Vernunft – vor allen anderen Geschöpfen auszeichne. Das **zweite**, mit dem Irrtum eng verknüpfte **Charakteristikum** des Menschen ist sein **Streben nach Erkenntnis**, das für den Herrn genauso zum Menschen gehört. Er fasst seine Sicht des Menschen auch in das Bild von dem in der Obhut des erfahrenen Gärtners heranwachsenden „Bäumchen“ (V. 310 f.). Dieses Bild enthält ebenfalls die Vorstellung von einer Steigerung bzw. Höherentwicklung des Menschen. So wie das Bäumchen seine Bestimmung erreicht hat, wenn es zum großen, Frucht tragenden Baum herangewachsen ist, so hat der Mensch seine Bestimmung erreicht, wenn er den Weg in die „Klarheit“ (V. 309), zu Gott gefunden hat. Dabei trägt der Mensch dieses Ziel – wenn auch noch unbewusst – von Anfang an in sich.

Das Menschenbild im Prolog

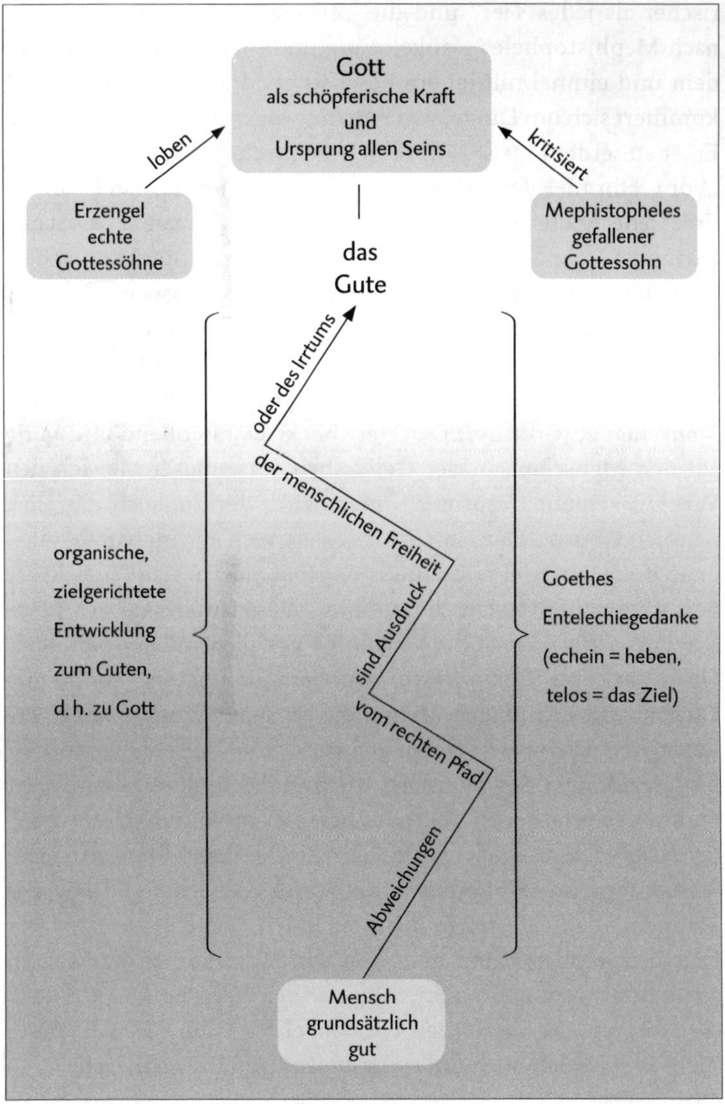

Mephistopheles, dem solches Denken fremd ist, widerspricht, denn er glaubt, eine solche Entwicklung, d. h. den göttlichen Plan, stören zu können. So bietet er dem Herrn eine **Wette** an. Falls er Recht behält, will er Faust von seiner Höhe herabreißen und erniedrigen dürfen: „Staub soll er fressen [...]“ (V. 334). Bis zum Ende des Dramas erkennt Mephistopheles nicht, dass er eine solche Wette überhaupt nicht gewinnen kann, da er selbst Teil des göttlichen Plans ist und **als Schalk wirken darf**, damit das menschliche Streben nicht zu früh erschlafft und der göttliche Plan doch noch gefährdet sein könnte (vgl. V. 340 ff.). In seinen Schlussworten wendet sich der Herr an die Erzengel, die „wahren Göttersöhne“. **Dramaturgisch** gesehen bildet der „Prolog“ den **Rahmen**, innerhalb dessen sich die Faust-Handlung entfaltet. So erklärt der ‚Prolog‘ das Auftauchen von Mephistopheles bei Faust auf der Erde. Die ‚Wette‘ im Himmel ist die **Ursache für den Pakt**, den Mephistopheles mit Faust schließen will und den der dabei zur Wette umwandelt. Denn diese Wette ist schließlich der Versuch Mephistopheles’, Faust „von seinem Urquell [Gott] ab[zuziehen]“ (V. 324) und ihn seine, Mephistopheles’, „Straße sacht zu führen“ (V. 314). Im „Prolog“ klingen aber auch schon **wichtige Motive** der späteren Faust-Handlung an, was seine Rahmenfunktion unterstreicht. Das ist einmal Fausts **Streben**, die **Wette** und die **Liebe**. Dem Prolog kommt aber auch insofern eine besondere Bedeutung zu, als hier die Hauptprotagonisten erstmals kurz charakterisiert werden.

Szene Nacht (V. 354–807)

Erneut wechselt die Handlungsebene. Wir sind vom Himmel auf die Erde gelangt und das, was der Herr und Mephistopheles als Diskussionsgegenstand sozusagen von Weitem betrachteten, ist nun in den Handlungsmittelpunkt gerückt: **Der Mensch Faust**.

Der alte Gelehrte befindet sich in seinem Studierzimmer, einem „hochgewölbten, engen, gotischen Zimmer“. Handlungsort und Zeitpunkt spiegeln seine Verfassung wider: Sein nach immer tieferen Einsichten strebender Geist fühlt die endgültige Beschränktheit menschlicher Erkenntnisfähigkeit. Es ist Nacht, und so düster und trübe wie die räumliche Umgebung ist auch Fausts innere Verfassung. Er fühlt sich **unruhig und unzufrieden**, denn er muss sich beim Resümee seines wissenschaftlichen Werdegangs eingestehen, dass er sein Ziel verfehlt und mithin zehn Lebensjahre verschwendet hat.

Er hat nicht nur ein Fachstudium absolviert, sondern alle klassischen Fächer seiner Zeit studiert, Philosophie, Jura, Medizin und Theologie, und es dabei bis zur Doktorwürde gebracht. Doch das Ergebnis ist für ihn nur eine Anhäufung von disparatem Spezialwissen, das ihm die einzelnen Fächer bieten können. Was sich Faust aber erhoffte und was er nach jahrelangem, vergeblichem wissenschaftlichen Streben immer noch schmerzlich vermisst, ist eine Universalerkenntnis: „Dass ich erkenne was die Welt/Im Innersten zusammenhält" (V. 382 f.). Er **strebt nach einem Gesamtwissen** als einem „Wissen vom Ganzen, in dem das einzelne nicht bloß addiert, sondern integriert ist."[13]

Die Einsicht in die Vergeblichkeit seines ganzen Strebens hat ihn zur Beschäftigung mit der **Magie** gebracht und lässt bereits den Wunsch nach der Beendigung seiner irdischen Existenz aufkeimen: „O sähst du, voller Mondenschein,/Zum letzten Mal auf meine Pein" (V. 386 f.), um dann mit der Natur eins zu werden und „um Bergeshöhle mit Geistern [zu] schweben" (V. 394). Angeekelt blickt Faust auf seine Umgebung, auf all den wertlosen, verstaubten Plunder, der sich im Laufe seiner Studien angehäuft hat: Bücherstapel, Papier, Gläser und Instrumente (V. 402 ff.).

So ist in Faust die Überzeugung gereift, dass er die ersehnte ganzheitliche Erkenntnis nur noch auf irrationalem, intuitivem oder auch visionärem Weg erreichen kann. Deshalb hat er sich „der Magie ergeben" (V. 377). Mit dem Namen Nostradamus sind pansophische Vorstellungen verbunden,[14] nach denen der Mensch als Mikrokosmos einen Auszug des Makrokosmos, dem

All oder Weltganzen, repräsentiert. Zwischen beiden bestehen magische Beziehungen. Solche übernatürlichen Relationen zwischen Gestirnen (Sonne oder Mond), antiken Göttern (Mars oder Jupiter), Metallen (Gold oder Silber) und dem Menschen bzw. menschlichen Organen lassen sich schematisch im Kreis oder Quadrat aufzeichnen und durch Linien miteinander verbinden, sodass sich ein Zeichen der Weltharmonie ergibt.

Schon das Erblicken der Zeichen übt eine erstaunliche, geradezu elektrisierende Wirkung auf Faust aus. Alle Sinne (V. 431) sind angesprochen und „junges, heil'ges Lebensglück" (V. 432) durchströmt seinen ganzen Körper. In diesem inneren Erregungszustand enthüllen sich Faust „die Kräfte der Natur" (V. 438). Die visionäre Schau der Weltordnung entfaltet sich dabei in zwei steigernd angeordneten Schritten. Auf das reine „Erblicken" folgt ein darüber hinausgehendes „Beschauen" (Regieanweisung), eine analysierend-reflektierende Beschäftigung mit dem Zeichen.[15] So gelingt Faust in einem magisch-visionären Moment die **Schau der Weltharmonie**. Er fühlt sich in diesem Moment gottähnlich – „Bin ich ein Gott? Mir wird so licht!" (V. 439) – und er kann durch dieses Zeichen erfassen, „wie alles sich zum Ganzen webt" (V. 447). Die auf- und niedersteigenden Himmelskräfte (V. 449) sind dabei die Gestirne im wechselseitigen Kräftespiel des Alls. Diese Erkenntnis ist Faust möglich, weil er als Mensch ein Mikrokosmos ist und damit in besonderer Beziehung zum Makrokosmos steht, da er dessen wesentliche Bestandteile in sich trägt. Diese Entsprechung ist also eine essenzielle, geistige und keine körperhafte. Doch das Zeichen des Makrokosmos ist nur eine von Menschen geschaffene, wenn auch erhellende Abbildung, aber nicht das, wofür es steht, „ein Schauspiel nur!" (V. 454).

Diese Einsicht ernüchtert Faust und führt zu einem erneuten Stimmungsumschwung. „Unwillig" blättert er weiter und „erblickt das Zeichen des Erdgeistes" (Regieanweisung). Der **Erd-**

geist ist Goethes eigene mythische Schöpfung.[16] Der Makrokosmos stellt die Weltordnung dar, für die man ein Zeichen erschaffen, aber nicht damit beschwören kann. Der Erdgeist dagegen wird durch Beschwörung körperhafte Erscheinung, wobei er sich im Feuer manifestiert; wiederholt wird in der Regieanweisung darauf hingewiesen und auch Faust selbst spricht von „Flammenbildung“ (V. 499). Der Geist definiert sich selbst mit wenigen Worten (V. 501–509) als Geist des organisch-irdischen Lebens und seine Tätigkeit als naturhaft-schöpferisch, er „wirk[t] der Gottheit lebendiges Kleid“ (V. 509), die Natur.

Faust gerät erneut in einen geradezu **ekstatischen Höhenflug der Gefühle** (V. 460–481), in dem ihm die Beschwörung des Geistes gelingt. Er fühlt sich durch diese erhebende Erfahrung dem Erdgeist gleichgestellt (V. 500), allerdings folgt die Ernüchterung auf dem Fuße. Faust kann den Erdgeist zwar rufen, aber nicht seinen Anblick, seine Gegenwart ertragen, und als der Erdgeist eine Gleichstellung zurückweist – „Du gleichst dem Geist den du begreifst, / Nicht mir!“ (V. 512 f.) – und verschwindet, ist Faust am Boden zerstört.

Das Wechselbad der Gefühle und Stimmungen, das Faust in diesem Eingangsmonolog bis hierher durchlebt, zeigt sich auch in einer wechselnden Versgestaltung:

Fausts **Klagen** und seine Unzufriedenheit mit der augenblicklichen Situation sowie die Erkenntnis der Vergeblichkeit all seines bisherigen wissenschaftlichen Strebens werden in **Knittelversen** zum Ausdruck gebracht (V. 354–385).

Die langsame **Beruhigung** in seiner Hinwendung zum Mond zeigt sich im Übergang zu gleichmäßig dahinfließenden **alternierenden Viertaktern** (V. 386–429), während **Madrigalverse** das **erhebende Gefühl** beim Erblicken des Zeichens des Makrokosmos' ausdrücken (V. 430–467). Die innere Bewegtheit Fausts bei der Beschwörung und Erscheinung des Erdgeistes spiegeln **freie Rhythmen** wider (V. 468–513).

Ein Klopfen an der Tür beendet die Beschwörungsszene endgültig und lenkt Fausts Gedanken weg von seiner erniedrigenden Erfahrung. Faust hegt nicht viel Sympathie oder Achtung für seinen Assistenten **Wagner**, der ihn nun stört. Verächtlich nennt er ihn einen „trocknen Schleicher" (V. 521). Das sich nun entwickelnde nächtliche Gespräch zwischen Faust und seinem Famulus unterbricht die bisherige Handlung, die aber nach Wagners Abgang wieder aufgenommen wird. Mit dem Dialog selbst beginnt ein Handlungsstrang, der auch oft als **Gelehrtensatire** bezeichnet wird. Nachdem in den vorausgehenden zwei Magieszenen „die pansophisch-naturmytische Gedankenwelt des 16. und 17. Jahrhunderts aufgezeigt wurde"[17], so ist das Thema der Satire die auf Erasmus zurückgehende humanistisch-rhetorische Tradition, die bis in die Goethezeit hineinreicht. Die Gelehrtensatire erfährt ihrerseits Unterbrechungen, wird in den beiden Szenen „Vor dem Tor" und „Schülergepräch" fortgesetzt und kulminiert schließlich in ‚Auerbachs Keller'.

Wagner gibt durch seine Vermutung, „Ihr last gewiss ein griechisch Trauerspiel?" (V. 523) das Thema vor, denn das Gespräch dreht sich um den Wert und Unwert von Poetik und Rhetorik. Bereits mit dem Stichwort ‚Trauerspiel' kommt in die Szene ein ironisierender Unterton, denn das, was Faust kurz zuvor erlebte, war gewiss auch ein Trauerspiel. Zielscheibe von Fausts Spott und Ironie ist vor allem Wagner, der als verknöcherter, lebensferner Gelehrter gestaltet ist. Mit Faust und Wagner stehen sich hier die Repräsentanten zweier Poetikauffassungen gegenüber.[18] Wagner vertritt dabei – in satirischer Überzeichnung – das Denken einer humanistisch geprägten Gelehrtentradition, einer Rhetorik des Barockhumanismus. Er ist noch ganz auf das *movere* und *docere* eingeschworen und möchte die Menschen „durch Überredung [*persuasio*] leiten" (V. 533). Der Famulus strebt nach Vervollkommnung in der „Kunst" (V. 524) des wirkungsvollen Deklamierens. Bei ihm steht also vorwiegend die Wirkung einer Rede im Vordergrund, („Allein der Vortrag macht des Redners Glück", V. 546), und nicht so sehr deren Inhalt. Das poetische Schaffen wird von ihm instrumentalisiert und zu einem bestimmten Zweck eingesetzt. Wagner ist noch ganz am Alten orientiert, wie sich an seiner spontanen Assoziation an ein „griechisch Trauerspiel" (V. 523) zeigt. Er klebt geradezu am Überlieferten („Zu schauen wie vor uns ein weiser Mann gedacht", V. 572). Faust wirft ihm daher vor, dass er immer nur Bekanntes neu anordne und aufwärme (V. 534 ff.), also nichts Originäres schaffe.

Faust dagegen vertritt neue Vorstellungen. So lässt ihn Goethe die **Ideen des Sturm und Drang** vortragen. Er „denkt das poetische Schaffen, der Genieanschauung gemäß, vom *Ursprung* her"[19], und dieser Ursprung ist das Herz und nicht der Verstand. Faust verachtet die von Wagner so gelobten und bewunderten „Reden, die so blinkend sind" (V. 54). Im Gegensatz zu seinem pragmatischen Famulus, der poetisches Schaffen zweckorientiert betrachtet, steht für Faust das autonome, sich selbst bestimmende Schaffen im Zentrum. Es überrascht daher nicht, dass seine Sprache – hier und schon in der Erdgeistszene – von Schlüsselbegriffen des Sturm und Drang durchdrungen ist: „Herz" (V. 436, 480, 537, 544), „Seele" (V. 441, 488, 490, 535, 569), Gefühle (V. 463, 492, 501, 534), „Sinne" (V. 479).

Beim Abschied kündigt Wagner bereits eine Fortsetzung des Gesprächs an, wohingegen Faust ihn nur loswerden will, denn in Gedanken ist er bereits wieder bei den jüngsten Erlebnissen mit dem Erdgeist. Da er sich immer noch erniedrigt und minderwertig und so „recht als Zwerg" (V. 613) fühlt, verfällt er in eine melancholische Klage über seine Situation. Faust reflektiert noch einmal diesen besonderen Moment, in dem ihm der Erdgeist erschienen war und der ihn für einen Augenblick dem Menschsein enthoben hatte. Enthusiastisch beschreibt er diesen „sel'gen Augenblick" (V. 626), in dem ihm „so licht" (V. 439) war und in dem er seine Ebenbildlichkeit zu Gott (V. 614), die Fähigkeit zur Erkenntnis ewiger Wahrheit (V. 615) sowie Selbstgenügsamkeit im Himmelsglanze (V. 616) zu verspüren glaubte. Zugleich quält ihn aber eine große Ratlosigkeit, immerhin haben ihn alles Wissen und alle Weisheit nicht zum Erfolg geführt.

Den **Grund für sein Scheitern** macht er schließlich in seinem „Menschenlos" (V. 629) aus, d. h. in den **beschränkten Grundbedingungen menschlicher Existenz**. Der Mensch sei eben, so erkennt er, nicht nur „Geist", der sich zu Höhenflügen aufschwingen kann (V. 640), sondern auch „Stoff" (V. 635), Materie, die ihn nach unten ziehe. Zudem ist der menschliche Geist dem Irrtum, „Trug und Wahn" (V. 637), unterworfen – eine Feststellung, die bereits der Herr im Prolog machte: „Es irrt der Mensch, so lang er strebt."(V. 317) Die Höhenflüge des Geistes werden durch den menschlichen Alltag, das „irdische Gewühl" (V. 639), erstickt, wobei die „Sorge" (V. 644), die sich „im tiefen Herzen" (V. 644) eingenistet hat, das stärkste Hemmnis für die menschliche Fantasie sei, da sie den Menschen kleinlich und handlungsunfähig mache. Sie tauche im Menschenleben in vielerlei Gestalt auf, als Sorge um materiellen Besitz („Haus und Hof", V. 648), Sorge um die Familie („Weib und Kind", V. 648), Furcht vor der Gefährdung durch Naturgewalten („Feuer, Wasser", V. 649) oder durch menschliche Schlechtigkeit („Dolch und Gift", V. 649).

Diese Einsicht verstärkt Fausts **Depression**, sodass er sich absolut minderwertig, als „Wurm" fühlt, der sich im Staube nährt (V. 653 ff.). Auch dieser Vergleich spiegelt Äußerungen aus dem Prolog wider, denn genau dort, im Staub, will Mephistopheles Faust sehen, wenn er über ihn triumphiert: „Staub soll er fressen, und mit Lust" (V. 334). Es zeichnet sich bereits ab, dass Faust seine Situation nur dann verbessern kann, wenn er das größte Hindernis, den menschlichen Körper, abstreifen und in eine neue, immaterielle Existenzform wechseln kann.

Das Stichwort „Staub“ (V. 654, 656) lässt Faust seine Umgebung wieder wahrnehmen. All die Geräte, Aufzeichnungen und Bücher um ihn her repräsentieren die Vergeblichkeit seines Strebens nach letzter, höchster Erkenntnis, sind ihm daher nutzloser Tand und Trödel (V. 658). Von dem Totenkopf, der gleichfalls im Regal liegt, fühlt sich Faust verspottet. Mit dem Schädel ist aber das Todesmotiv endgültig präsent. Als schließlich sein Blick auf die „einzige Phiole“ (V. 690) fällt, hat er eine Erleuchtung. Plötzlich schlägt seine Stimmung um. In feierlichen Worten steigert er sich in eine euphorische Stimmung hinein:

Ich grüße dich, du einzige Phiole!
Die ich mit Andacht nun herunterhole,
In dir verehr ich Menschenwitz und Kunst.
Du Inbegriff der holden Schlummersäfte,
Du Auszug aller tödlich feinen Kräfte,
Erweise deinem Meister deine Gunst! (V. 690–695)

Der **tödliche Schlummersaft verspricht die Lösung** aller Probleme. Endlich glaubt er seinen Geist von den Fesseln des menschlichen Körpers befreien und in eine rein geistige Existenz übergehen zu können und damit zu „neuen Ufern“ (V. 701) vorzustoßen. Man darf sich unter diesem Schlummersaft wohl einen hochkonzentrierten Opiumsaft vorstellen, der den Menschen hinüberdämmern lässt, wie Faust das ja auch beschreibt (V. 695–701). Im „Feuerwagen“ (V. 702) soll sein Geist den Äther durchdringen und „Götterwonne“ (V. 706) verspüren. Die Ausführung des Selbstmords wird dabei zum feierlichen Trinkritual stilisiert. Aus einer wertvollen, „kristallnen, reinen Schale“ (V. 720) will er den Trank einnehmen, um endlich „Götterhöhe“ (V. 713) zu erreichen. Nur einen kurzen Augenblick macht sich die Sorge bemerkbar, zu scheitern und „ins Nichts dahin zu fließen“ (V. 719).

Doch in dem Moment, in dem er zum Trinken ansetzt, ertönen die **Osterglocken und himmlischer Chorgesang**, werden

Erinnerungen an die Jugendzeit in ihm lebendig. Faust ist von diesem „tiefen Summen“ (V. 742), den Klängen und der damit verbundenen „Botschaft“ (V. 765), innerlich so tief ergriffen, dass er die Schale wieder absetzt und den entscheidenden Schritt doch nicht vollzieht.

Der Text der Chorgesänge stellt eine Mischung dar aus Teilen mittelalterlicher Hymnen und lateinischen Osterspielen sowie aus Goethes eigenen Wortschöpfungen („Werdelust“, V. 789; „schaffende Freude“, V. 790). Offenbleibt, ob es sich um reale, äußere Vorgänge handelt, oder um die Spiegelung seelischer Vorgänge wie Assoziationen, Erinnerungen und Gefühle.

Die Paktszene (V. 1530–1867)

Der Pakt-Szene kommt zweifellos eine zentrale Bedeutung im Drama zu. Sie steht nicht nur vom Textumfang her gesehen, sondern auch inhaltlich in der **Mitte des Stückes**, da sie die beiden großen Teile des Dramas verbindet: Sie ergibt sich einerseits aus der ersten Hälfte der Handlung, der Gelehrten-Tragödie, die von Faust dominiert wird. Die Paktszene führt andererseits direkt in die zweite Hälfte des Dramas, in die Gretchen-Tragödie hinein. Hierfür stellt der Pakt zwischen Faust und Mephisto sozusagen die Handlungsgrundlage dar, denn mit **Mephisto** erhält Faust einen **Weggefährten**, der von nun an den Handlungsgang wesentlich mitbestimmt. Fausts Verfluchungen (vgl. V. 1584–1606), der Pakt und die Wette (vgl. V. 1645–1759) bilden eine Einheit, denn die Verwünschungen machen Faust erst wirklich frei für Pakt und Wette.

Als Faust nach dem Osterspaziergang in sein Studierzimmer zurückkehrt, ist für den Pakt alles ‚vorbereitet‘. Hier zeigt sich Mephistopheles dann als „des Pudels Kern“ (V. 1323). Diese Begegnung wurde von Mephisto gewollt herbeigeführt und hat ihren Ursprung in der ‚Wette‘ Mephistos mit dem Herrn im „Prolog im Himmel“ (vgl. V. 312 ff.). Aber auch Faust selbst ist durch den bisherigen Handlungsverlauf für den Pakt mit Mephisto ‚reif', denn er hat in seinem unersättlichen Streben nach allumfassender Erkenntnis bereits Enttäuschungen bzw. Rückschläge hinnehmen müssen. Wiederholt musste Faust dabei die Begrenztheit seiner menschlichen Existenz erfahren. All diese Erfahrungen beeinflussen Fausts Handeln bei der Begegnung mit Mephisto. Der Osterspaziergang verschaffte Faust dabei nur eine kurze ‚Verschnaufpause', in der er für wenige Augenblicke zu sich selbst findet und ganz Mensch sein darf (vgl. V. 940). Kaum zurückgekehrt, hat sich die befriedende Wirkung der Osterbotschaft bereits deutlich abgeschwächt. **Fausts Unzufriedenheit wächst wieder** und Mephistopheles' Eingeständnis, dass selbst die Hölle Gesetze habe, fällt auf fruchtbaren Boden. Faust erkennt seine Chance: „Das find ich gut, da ließe sich ein Pakt [...] schließen?" (V. 1414 f.)

Bei seinem zweiten Auftritt – „als edler Junker" (V. 1535) – steuert Mephistopheles unverzüglich auf sein Ziel zu, Faust zu einem Pakt zu bewegen. Er versucht, dessen Skepsis zu überwinden und provoziert ihn schließlich durch den Hinweis auf dessen missglückten Selbstmordversuch. Das ist für Faust das Signal, alles hinter sich zu lassen, was in seinen Augen die menschliche Existenz ausmacht und ihn deshalb in seinem Streben behindern und festhalten könnte. Kein „Rest von kindlichem Gefühle" (V. 1585) soll ihn nochmals vor irgendetwas zurückschrecken lassen, wie z. B. der Chor der Engel in der Osternacht. Faust verflucht wütend und inbrünstig Religion (vgl. V. 1587 ff.), Bildung (vgl. V. 1591 f.), die scheinbar gesicherte, sinnlich erfahrbare Welt und alle Erkenntnis (vgl. V. 1593 f.), Ruhm und Ehre (vgl. V. 1595 f.), Besitz und Familie (vgl. V. 1597 f.), Reichtum und Bequemlichkeit (vgl. V. 1599 ff.), Lebenslust (vgl. V. 1603 f.), Glaube, Liebe, Hoffnung (vgl. V. 1605) und schließlich die Geduld (vgl. V. 1606), die ihn bisher alles ertragen und immer weiter suchen ließ. Diese **Verfluchung** ist rhetorisch sehr kunstvoll gestaltet: Allein elfmal verwendet Goethe das Wort ‚Fluch' bzw. ‚verflucht' in diesem Monolog in einer sich zum Ende hin steigernden, verdichtenden Anordnung. Erstmals erscheint das Fluch-Motiv in Vers 1587, dem in vier Versen Inhalte des Fluches folgen. Die nächsten fünf Flüche kommen rascher, in Doppelversen (V. 1591 –1602). Danach liest man weitere fünf Flüche, die nun versweise aufeinander folgen. In Vers 1605 stehen sogar zwei in einer Zeile.

Mit dieser **radikalen und allumfassenden ‚Abrechnung'** wird Faust endgültig **frei für den Pakt mit dem Teufel**. Dieser scheint in seinem Bestreben, Faust für sich zu gewinnen, einen wichtigen Schritt vorangekommen zu sein. Er bietet Faust sogleich seine Dienste an und auf Fausts Drängen nennt er auch seine Bedingungen:

Ich will mich hier zu deinem Dienst verbinden,
Auf deinen Wink nicht rasten und nicht ruhn;
Wenn wir uns drüben wiederfinden,
So sollst du mir das Gleiche tun. (V. 1656–1659)

Damit bietet Mephisto einen der, im Kontext des Faust-Stoffes meist auch noch mit Blut unterschriebenen, Teufelspakte an, in denen der Mensch seine Seele an den Teufel verkauft, der ihm dafür in seinem irdischen Leben alle Wünsche erfüllt. In der Regel sind es materielle und sinnliche Freuden.

Mephisto verkennt dabei Fausts Gründe für den Pakt von Anfang an. Für ihn ist der Pakt eine reine Zeitfrage und damit eine sichere Sache. Sein „wenn" (V. 1658) hat also rein temporale Bedeutung. Faust, den „das Drüben [...] wenig kümmer[t]" (V. 1660), der ganz im Diesseits lebt, ist sich aber ebenso sicher, dass Mephistopheles seine Forderungen nicht erfüllen kann. „Was willst du armer Teufel geben?" (V. 1675), fragt er Mephisto und konkretisiert sogleich seine Vertragsbedingungen. Er fordert die Harmonisierung widersprüchlichster Dinge: „rastloses" (V. 1759) Weiterstreben, die rasche Folge von „Schmerz und Genuss,/Gelingen und Verdruss" (V. 1756 f.) und macht dabei

aus dem Pakt eine Wette: „Die Wette biet ich!“ (V. 1698) Für Faust hat das „wenn“ also ausschließlich konditionale Bedeutung:

> *Werd* [im Sinne von falls] *ich beruhigt je mich auf ein Faulbett legen;*
> *So sei es gleich um mich getan!*
> *Kannst du mich schmeichelnd je belügen*
> *Dass ich mir selbst gefallen mag, [...]*
> *Das sei für mich der letzte Tag! [...]*
> *Werd ich zum Augenblicke sagen:*
> *Verweile doch! du bist so schön!*
> *Dann magst du mich in Fesseln schlagen,*
> *Dann will ich gern zugrunde gehen!* (V. 1692–1702)

Die Wette ist so paradox formuliert, wie die Widersprüche, deren Auflösung Faust von Mephisto verlangt: In dem Moment, in dem Faust innerlich glücklich ist und das Leben gewinnt, verliert er die Wette, wird damit äußerlich unglücklich, weil er so das Leben verliert. Was **Faust** aber wirklich **will**, ist das Unmögliche, die coincidentia oppositorum, das **Zusammenfallen aller Gegensätze in eins**. Dies macht für Faust erst das Leben aus. Gleichzeitig ist diese Einheit laut Mephisto „nur für einen Gott gemacht“ (V. 1781) und damit für Faust unerreichbar. Selbstbewusst und unbeeindruckt setzt Faust dagegen: „Allein ich will!“ (V. 1784) **Mephisto** hingegen will und **kann nur einen Teil des Gewünschten erfüllen**, denn auch er ist kein Gott, sondern von Gott „in die Finsternis gebracht“ (V. 1783). So strebt Mephisto danach, die Bedingungen immer wieder einzugrenzen und auf flache, irdische Freuden zu beschränken. Er setzt dem rastlosen, hohen Streben Fausts nach dem Ganzen und Letzten die Konstanz und damit die Begrenztheit menschlicher Existenz entgegen: „Du bist am Ende – was du bist. [...] Du bleibst doch immer was du bist.“ (V. 1806 und 1809): ein Mensch. Faust spürt klar die Vergeblichkeit seines Bemühens (V. 1810 ff.) und daher drängt Mephisto endgültig zum Aufbruch in das Leben, wie er es nennt.

Faust (Bruno Ganz, li.) und Mephistopheles (Johann Adam Oest) schließen den Pakt (Szenenfoto aus Peter Steins Inszenierung zur Expo Hannover 2006).

Szene Marthens Garten (2): V. 3414–3543 (Religionsgespräch)

Die Szene knüpft an die Gartenszene (V. 3073–3216) vor „Wald und Höhle" (V. 3217–3373) an und treibt die dortigen Ereignisse weiter. Das Ergebnis in der ersten Gartenszene war das Liebesgeständnis nach dem Blumenorakel und der erste Kuss in der direkt angefügten Kurz-Szene „Ein Gartenhäuschen".

Die zweite Gartenszene dient der **Überwindung innerer Hemmnisse bei Margarete**. Während sie sich Klarheit über Fausts Verhältnis zum christlichen Glauben verschaffen sowie Fausts Beziehung zu Mephistopheles klären und am liebsten unterbinden will, strebt Faust die Verabredung und eine erste gemeinsame Liebesnacht an.

Zwischen die beiden Gartenszenen eingeschoben sind „Wald und Höhle" und „Gretchens Stube" (V. 3374–3413), die in einer Innenschau die Folgen des ersten Zusammenseins in Marthes Garten bei Faust und Margarete bieten. Beide Protagonisten sind innerlich beunruhigt, doch aus unterschiedlichen Gründen. Bei Faust kommt diese Unruhe von seiner inneren Gespaltenheit, von den zwei Seelen in seiner Brust. Er ist sich auch über die Folgen im Klaren, sollte sein Verlangen Erfüllung finden: „Mag ihr Geschick auf mich zusammenstürzen/ Und sie mit mir zugrunde gehn." (V. 3364 f.) Margaretes Anspannung resultiert aus ihrer wachsenden Liebessehnsucht, die sie in ihrem Lied verbalisiert: „Mein Busen drängt/Sich nach ihm hin." (V. 3406 f.) Im Urfaust ist diese Sehnsucht noch deutlicher auch als ein sexuelles Begehren benannt („Mein Schoß, Gott! drängt/Sich nach ihm hin")[20]. In Margaretes Worten klingt das Motiv des Untergangs noch sehr viel undeutlicher an, da sie „an seinen Küssen vergehen" (V. 3413) will.

Um sich Klarheit über Fausts Religiosität zu verschaffen, sind ihr zwei Dinge wichtig: der Glaube und der regelmäßige Empfang der Sakramente. Margarete stellt Faust **drei klare und einfache Entscheidungsfragen**, auf die er eigentlich problemlos mit ‚ja' oder ‚nein' antworten könnte: „wie hast du's mit der Religion?" (V. 3415), „Glaubst du an Gott?" (V. 3426), „So glaubst du nicht?" (V. 3430). Auf keine der Fragen gibt **Faust** eine Antwort, vielmehr **drückt** er **sich** wortreich **um eine präzise Stellungnahme**. Die erste Entgegnung klingt dabei sehr tolerant: „Will niemand sein Gefühl und seine Kirche rauben." (V. 3420) und verrät eine sehr moderne Haltung, denn Faust gibt vor, jede religiöse Einstellung zu respektieren, ohne selbst ein Bekenntnis zu formulieren. Die dritte Frage veranlasst ihn zu einer wortreichen Ausführung über den Wert oder Unwert begrifflicher Festlegungen, die zu dem Resultat gelangt: „Name ist Schall und Rauch" (V. 3457), aber „Gefühl ist alles" (V. 3456). Der Gottesgedanke und jeglicher Glaube werden dabei zum mehr oder weniger unbestimmten Gefühl, was einem reinen Subjektivismus gleichkommt. Für Margarete steht damit **Fausts Gottlosigkeit** fest: „Du hast kein Christentum." (V. 3468) Das ist eine schlichte Feststellung, denn kein Ausrufezeichen deutet Entsetzen oder Zurückschrecken an. Sie weiß nun, woran sie mit Faust ist. Die Übereinstimmung im christlichen Glauben war in ihren Augen offensichtlich keine unabdingbare Voraussetzung für eine Liebesbeziehung. Ihr Verzicht darauf ist nur ein weiterer Teil anerzogener Konventionen und Wertvorstellungen, die sie Faust zuliebe über Bord wirft. Am Ende des Treffens ist sie sogar bereit, ihrer Mutter ein von Faust besorgtes Schlafmittel zu verabreichen, um ihnen beiden eine gemeinsame Liebesnacht zu ermöglichen, auch wenn sie sich wegen der Unschädlichkeit des Mittels Sorgen macht. Sie ist dabei ganz auf **ihr Vertrauen zu Faust** angewiesen, und dieses Vertrauen fußt auf unsicherem Grund, denn Faust ist nicht aufrichtig. Margaretes Frage beantwortet er – wie andere Frage zuvor auch schon – durch eine Gegenfrage: „Würd ich sonst [...] dir es raten?“ (V 3516). Schon zu Beginn der Szene ist er ähnlich vorgegangen. Er bestärkt dort Margarete in ihrem Vertrauen in ihr Gefühl und ihm gegenüber, indem er auf seine Opferbereitschaft verweist: „Für meine Lieben ließ’ ich Leib und Blut“ (V. 3419). Faust spricht hier im Konjunktiv und man könnte ergänzen: „... wenn ich welche hätte“. Faust ist unehrlich, denn er hat keine Lieben, keine Familie, und für Margarete opfert er weder Leib noch Blut, das zeigen die künftigen Geschehnisse.

In Bezug auf Mephistopheles ist Margaretes Gefühl sehr viel zuverlässiger. Ohne wirkliche Beweise dafür zu haben, macht sie ihn für Fausts mangelnden Gottesglauben verantwortlich. In seiner Nähe spürt sie „ein heimlich Grauen“ (V. 3480). Sie ist sich sicher, dass von Mephistopheles ein negativer Einfluss ausgeht, und sie hält ihn für gefühl- und lieblos, sodass sogar ihre Liebe zu Faust in seiner Nähe gefährdet scheint (V. 3497). Faust bleibt in diesem Teil der Unterhaltung auffallend wortkarg. Er macht – wohl auch um das Geheimnis seiner Beziehung zu Mephisto zu wahren – nur kurze, lapidare Bemerkungen. Als er sich fast verrät („Du ahnungsvoller Engel“, V. 3494), wechselt er rasch das Thema und wendet sich dem eigentlichen Zweck des Treffens zu, der Verabredung für eine Liebesnacht.

Kerkerszene

Die Kerkerszene schließt nicht nur die Gretchen-Tragödie ab, sondern auch den ersten Teil des Faust-Dramas. Mit Faust, Mephistopheles und Margarete treten hier zwar drei Figuren auf, doch **Margarete dominiert die Szene**. Das wird schon an den Redeanteilen der drei Figuren deutlich: Mephisto spricht nur wenige Worte – insgesamt sieben Verse. Faust steht zwar in Wechselrede mit Margarete, doch äußert er sich nur recht knapp. Außerdem reagiert Faust meist nur auf Margarete, von der die Impulse ausgehen, seien es ihre Äußerungen oder Verhaltensweisen. Drei Themen beherrschen den Dialog: die **Liebe** des Mädchens zu Faust, die **Schuld**, in die sie sich deswegen verstrickt und die **Strafe**, die sie als Sühne für ihre Schuld erwartet. Fausts ganzes Denken und Trachten ist dagegen von dem einzigen Gedanken bestimmt, Margarete aus dem Kerker zu befreien und sie zur Flucht zu bewegen. Schließlich hat es ihn in der vorhergehenden Szene viel Mühe gekostet, Mephistopheles zu bewegen, seine Macht zur Rettung Margaretes einzusetzen.

Die Ausgangssituation dieser Szene zeigt die **antithetische Struktur**, die sich im Text an vielen Stellen findet, hier in den Gegensatzpaaren von ‚drinnen – draußen' und ‚Enge – Weite'. Zu dieser Struktur gehört auch der Wechsel von **Diastole** und **Systole** (vgl. *Interpretationshilfe*, S. 51 ff.). Faust, noch draußen vor der Kerkertür, geht von der Weite in die Beengung des Kerkers, um – in gegenläufiger Bewegung – Margarete mit sich in die Freiheit zu nehmen. Margarete war ihrerseits durch die Liebe zu Faust aus ihrem engen bürgerlichen Lebensrahmen befreit und in die Weite geführt worden. Dadurch hat sie sich aber in Schuld verstrickt und ist nun in der Enge der Kerkermauern gefangen. Der Eindruck dieser Beengung wird noch durch die Regieanweisung verstärkt, die bei der Zellentür von „einem Türchen" spricht. Aus diesem Gefängnis wird sie aber letztlich nicht durch Faust – denn das wäre rein äußerlich – befreit. Vielmehr erfährt sie durch **Sühnebereitschaft** eine **innere Befreiung**, auch wenn sie dabei das Leben verlieren wird.

Im Handlungsverlauf der Szene findet aber nicht nur die Bewegung von Diastole zu Systole und umgekehrt statt, sondern auch eine Entwicklung von der **Schuldverdrängung** am Anfang der Szene hin zur **Schuldannahme** am Szenenschluss, was einer Bewegung weg von Faust und hin zu Gott gleichkommt. In diesen Entwicklungen wächst Margarete über sich hinaus zu wahrer Größe. Noch während sich Faust draußen vor dem Kerker daranmacht, das Türchen zu öffnen, hört er von drinnen Margaretes Stimme. Die Geliebte singt ein Lied aus dem Märchen vom Machandelbaum (Wacholder), in dem eine böse Schwiegermutter dem Vater das eigene Kind zum Essen vorsetzt, dessen Knochen sich aber in einen scheuen Vogel verwandeln, der davonfliegt. Damit wird – noch bevor Margarete sichtbar auf der Bühne auftritt – deutlich, dass sie sich mit ihrem Verbrechen beschäftigt. Sie ist zu diesem Zeitpunkt allerdings innerlich noch nicht bereit, eigenes Verschulden wirklich anzuerkennen und dafür die Verantwortung zu übernehmen, denn als Faust die Kerkertür öffnet, hält ihn Margarete für den Henker, der sie – viel zu früh – zur Hinrichtung abholen will. In Todesangst wirft sie sich ihm zu Füßen und fleht um Gnade. Dabei macht sie ihre Jugend und Unerfahrenheit, ihre Schönheit, den Freund (Faust) für ihre Situation verantwortlich: „Sie nahmen mir's […] /Und sagen nun, ich hätt es umgebracht." (V. 4445 f.) Noch sind es in ihren Augen also andere, die Schuld trifft. Margarete befindet sich in einem seelisch sehr labilen und geistig verwirrten Zustand, in dem ihr die Realität entgleitet. Denn einerseits weist sie die Verantwortung für ihre Tat noch von sich, doch kann sie andererseits im gleichen Atemzug davon sprechen, dass sie erst noch das bereits tote Kind tränken wolle und dass sie es die ganze Nacht geherzt habe (vgl. V. 4443 f.). Als sich Faust ihr zu Füßen wirft, fasst sie das als Aufforderung des vermeintlichen Henkers zum letzten Gebet auf (vgl. V. 4453). Dabei dringt eine erste Einsicht, schuldhaft gehandelt zu haben, in ihr Bewusstsein vor. Das Kerkertürchen wird ihr zum Höllentor und damit zum Eingang in die ewige Verdammnis.

Margaretes **seelisch-geistiger Zustand** spiegelt sich deutlich in ihrer **Sprache**. Die Verse der Gretchen-Passagen in der Kerkerszene sind – im Gegensatz zu denen der übrigen Gretchen-Handlung – gekennzeichnet von einer zunehmend aufgelösten, freien Rhythmik. Weit ausholende Langzeiler wechseln mit kürzesten Versen. Auch die Motivik spiegelt Margaretes psychische Verfassung. Sprunghaft assoziativ reiht sie Begriffe von symbolischer Bedeutung aneinander: „die Straße“ als Ort der ersten Begegnung, „die Mutter“, die mit dem scheinbar haltlosen Kopf wackelt, „das tote Kind“, „der Degen“, der Valentin tötete und das „Blut“ des toten Bruders, das an Fausts Händen klebt (vgl. V. 4475–4517).

Erst als Faust laut „Gretchen!“ ruft, erkennt sie ihn an seiner Stimme und sofort belebt „der süße, der liebende Ton“ (V. 4469) die Erinnerung an die kurze Zeit gemeinsamen Glücks.

Faust (Christian Nickel) versucht vergeblich, Margarete (Dorothee Hartinger) aus dem Kerker zu befreien (Szenenbild aus Peter Steins Inszenierung in Hannover, 2006).

In einer spontanen Reaktion will sich Margarete, die in der Wiedersehensfreude ihre derzeitige Situation sofort verdrängt, an Faust schmiegen. Sie sucht Trost, Zärtlichkeit und menschliche Wärme, doch Faust hat – „fortstrebend" (V. 4479) – nur die Flucht im Sinn. Auch in diesem Fall ist es die Sprache der Figuren, die den **Riss**, den die **Beziehung** zwischen **Faust** und **Margarete** bereits erhalten hat, frühzeitig offenbart (vgl. V. 4478 –4497). Auf ihren Wunsch nach „verweilen" – ein Begriff, der in der Wette zwischen Faust und Mephistopheles zentrale Bedeutung hat – reimt sich bei Faust nur „Eile". Dieses Wort gehört sonst eher zu Mephistopheles. Auf Fausts „büßen müssen" reimt sich bei Margarete „küssen". Der Kuss, den sie Faust dann gibt, verrät ihr deutlicher als jedes Wort, dass sie Faust verloren hat, denn seine Lippen erscheinen ihr kalt, sie lassen kein Gefühl der Zuneigung oder der früheren Leidenschaft erkennen und sie bleiben „stumm", denn kein Wort der Wiedersehensfreude, kein Ausdruck der Liebe kommt über sie. Margarete erkennt, dass jemand sie um die Liebe Fausts gebracht hat, und sie wendet sich von ihm ab – zuerst rein gestisch, dann zunehmend auch innerlich: „Du bist's! ich glaub es kaum." (V. 4510)

Die Einsicht in den Verlust von Fausts Liebe ermöglicht es ihr, einem **Schuldeingeständnis** näher zu kommen: „Meine Mutter hab ich umgebracht, / Mein Kind hab ich ertränkt." (V. 4507 f.) Dieser Erkenntnisprozess beschleunigt sich im weiteren Verlauf der Handlung. Margarete hat jetzt plötzlich das Gefühl, als müsste sie sich an Fausts Seite „zwingen" (V. 4533). Für ihn hat sie nur noch eine Aufgabe bereit, die Sorge um die Gräber ihrer Familie. Deren Aufzählung macht noch einmal deutlich, wer alles durch diese Liebe zwischen Faust und Margarete ins Unglück gestoßen wurde. In dieser Situation wird die **Tragik in Gretchens Situation** deutlich: Ihr Opfer, die bedingungslose Hingabe an Faust, mit ihren schrecklichen Folgen, war vergeblich, denn die Liebe ist zerbrochen und ihr Geliebter hat sich innerlich von ihr abgewandt. Aber auch ohne dies erscheint ihr jede Rettung, wie Faust sie aus einem Schuldgefühl heraus noch versucht, sinnlos geworden: „Und sie werden mich doch ergreifen!" (V. 4549) Nach dieser Einsicht spricht Margarete nun davon, dass sie nicht hinaus, d. h. in die Freiheit, „dürfe", denn für sie gebe es draußen nichts mehr zu hoffen. Unvermittelt wird ihr das eigene schuldhafte Verhalten bewusst und sie spricht in kurzen, gehetzt klingenden Satzfetzen von der schrecklichen Tat, die dem Zuschauer bzw. Leser auf diese Weise enthüllt wird (vgl. V. 4551–4573). In dieser seelischen Anspannung dringen Fausts verzweifelte Überredungsversuche kaum noch zu Gretchen. Sie sieht stattdessen in einer Art **Vision** den Ablauf ihrer **bevorstehenden Hinrichtung** (vgl. V. 4587 – 4595).

Das Auftreten von Mephistopheles schließlich bringt die letzte Entscheidung. In ihrer Verzweiflung wird Margarete die Kerkerzelle, in der sie ihre Strafe innerlich angenommen hat, zum „heiligen Ort" (V. 4603), der sie vor dem Zugriff Satans schützen soll. Damit wendet sie sich endgültig von Faust („Heinrich! Mir graut's vor dir.", V. 4610) und der Welt ab und zu Gott hin: „Gericht Gottes! Dir hab ich mich übergeben!" (V. 4605)

In den letzten Versen des *Faust I*, mit der „Stimme von oben", die Margaretes Rettung verkündet, macht Goethe noch einmal deutlich, dass sein Drama auch ‚Welttheater' ist, dessen ‚Spiel' von höheren Mächten bestimmt wird. So wird Margarete zwar von den Menschen gerichtet – wie Mephistopheles triumphierend ausruft – aber gerade dadurch für Gott gerettet. Begnadigung und Rettung auf höherer Ebene werden erst möglich durch die Anerkennung der eigenen Schuld und durch die willentliche Entscheidung, als Strafe und Sühne das eigene Leben zu verwirken.

Rezeptionsgeschichte

Man muss zur Untersuchung der Wirkungsgeschichte des *Faust* beide Teile als eine Einheit sehen. Das Werk fand sehr schnell eine umfassende Aufnahme beim Publikum und wirkte stets als Ganzes. Insbesondere der Schluss des zweiten Teils hat sehr unterschiedliche Interpretationen provoziert. Als Beleg für die wachsende Popularität des *Faust* kann gelten, dass der Verlag Philipp Reclam in Leipzig seine Universalbibliothek 1867 mit den Bändchen *Faust. Erster Teil* und *Faust. Zweiter Teil* eröffnete. Mit dem Vorliegen einer preisgünstigen Ausgabe fand das Werk schnell Eingang in den Deutschunterricht des Gymnasiums. Diese Entwicklung zur Volkstümlichkeit zog eine **Standardisierung der Interpretation** nach sich, die sich lange Zeit hielt: „das Ringen des Menschengeistes nach Erkenntnis, des Menschenherzens nach Glück, das mit diesem Ringen eng verbundene Verschulden und die Erhebung des Menschen aus der Schuld durch die Tat, das sittliche Handeln, durch Selbstbeschränkung statt der früheren Schrankenlosigkeit des Strebens – das ist der allgemeine Gedanke des Stückes“(J. Wychgram). Diese Interpretation entstammt einem 1892 erschienen Hilfsbuch für den Unterricht in der Deutschen Literaturgeschichte. Die Deutung des Gesamtwerkes in diesem Sinne konzentriert sich vor allem auf den Schlussmonolog Fausts im zweiten Teil.

Schnell setzte eine **ideologische Überhöhung** der Faust-Gestalt ein. Diese Ideologisierung erschwerte lange Zeit ein literaturwissenschaftliches Interesse am *Faust* und erst Mitte des 20. Jahrhunderts wurden umfangreichere Arbeiten dazu vorgelegt. Das Bild von Faust als dem Inbegriff des strebenden und tätigen Menschen in der modernen Welt wurde in das typisierende Adjektiv ‚faustisch‘ gegossen. „Faustisch Empfinden, das ist für uns der Inbegriff allen Strebens und Ringens, nicht nur um Erkenntnis, sondern auch um das uns gemäße Werk“[21]. So wird das ‚Faustische‘ schnell zu einer Art weltanschaulichem Begriff und zum Charakteristikum des deutschen Wesens umgedeutet.

Die **ideologische Überhöhung** des ‚Faustischen‘ setzt verstärkt mit der Reichsgründung von 1871 ein. Als ‚faustisch‘ wurde der nationale Aufschwung interpretiert, und umgekehrt wurde ‚faustisch‘ ein Schlüsselbegriff nationalen und ideologischen Bewusstseins sowie imperialistischer Selbstverherrlichung. In diesem Umfeld wurde Faust zu einer positiven Leitfigur deutschen Wesens und die ‚faustischen Werte‘ national und imperialistisch umgedeutet. Für Oswald Spengler wird die ganze Epoche europäischer Geschichte ‚faustisch‘, da sie der ‚faustischen Seele‘ entsprungen sei. Das faustische Dasein wird von ihm definiert als das „tätige, ringende, überwindende Sein“ [22].

Solche ideologische Überhöhung schlug bald ins Gegenteil um. So deutet Hermann Türck 1901 die Entwicklung Fausts als eine **Absage an die Genialität** und als ein Absinken ins Philistertum. Für Wilhelm Böhm[23] hat sich Goethe keineswegs zur Menschlichkeit seines Helden bekannt, sondern er habe ein warnendes Beispiel eines verblendeten und unverbesserlichen Menschen geben wollen. Diese Sicht Fausts setzt sich nach dem Zweiten Weltkrieg fort, als titanisches Streben fragwürdiger denn je geworden war. Hintergrund war die Inanspruchnahme Fausts durch die Nationalsozialisten. Sie sahen im Faust ein Musterbeispiel ihrer Vorstellung des deutschen Wesens.

Der Literaturwissenschaftler Gert Mattenklott resümiert kritisch diese merkwürdige deutsche Selbstidentifikation mit Faust: „Keine andere Nation als die deutsche porträtiert ihren Helden derartig zweideutig; als einen großen Verlierer und pathetisch Scheiternden, nicht strahlend oder triumphierend wenigstens im Untergang, sondern als zwielichtigen Verführer und düsteren Mann.“

Erst in der zweiten Hälfte des 20. Jahrhunderts hat sich eine **distanziertere**, aber auch respektlosere **Sicht** auf Goethe und sein Werk durchgesetzt. Jetzt rücken auch andere, bisher wenig beachtete Aspekte des Werkes, wie z. B. Goethes Ironie, mehr in den Mittelpunkt der Betrachtungen. Auch die marxistische Literaturwissenschaft beschäftigte sich mit *Faust* und vereinnahmte ihn gleichfalls ideologisch, wobei hier vor allem der zweite Teil des *Faust* im Zentrum der Betrachtung stand, insbesondere Fausts Schlussworte. So machte die DDR-Führung aus dem Werk ein Volksbuch, da in den Worten des Schlussmonologes vom „freien Volk auf freiem Grund" die Leistungen der DDR visionär vorweggenommen seien. Inzwischen liegt zum *Faust* eine unüberschaubare Zahl von Arbeiten namhafter Literaturwissenschaftler vor. Paul Requadts Auslegung des *Faust* (*Faust I. Leitmotivik und Architektur*) kann man als Meilenstein der Deutung des Dramas ansehen. Er arbeitet vor allem heraus, dass auch der erste Teil des Dramas ein streng komponiertes künstlerisches Gebilde ist, das durch ein ganzes Bündel von Leitmotiven zusammengehalten wird, die sich bis in den zweiten Teil hinein erstrecken.

Bereits beim Erscheinen des *Faust* wurde er verschiedentlich literarisch rezipiert. **Nikolaus Lenau** schrieb sein Faust-Drama (1835) bewusst als Gegenstück zu Goethes *Faust* und steht im Zusammenhang mit der schon früh einsetzenden katholischen Faust-Kritik. Auch Lenaus Faust versucht der Schöpfung ihr Geheimnis zu entreißen, doch ist Faust bei ihm als individuellerer und nihilistischer Charakter gezeichnet. Lenaus Faust scheitert und begeht Selbstmord, bleibt aber bis zum Schluss Mephistopheles verfallen. **Heinrich Heine** versuchte sich in einem *Tanzpoem* am Faust-Stoff, um darin das Zeitgefühl seiner Generation einzufangen. Für Heine liegt der Reiz des Themas in „der Darstellung des modernen Kampfes zwischen Religion und Wissenschaft, zwischen Autorität und Vernunft, zwischen Glauben und Denken, zwischen demütiger Entsagung und frecher Genusssucht". **Thomas Manns** Roman *Doktor Faustus* (1947) schließt die Auseinandersetzung mit dem Faust-Stoff zunächst ab. Das Ende von Manns Held Adrian Leverkühn ist poetisch das Ende des faustischen Deutschen. Das Werk wird als eine der gründlichsten Auseinandersetzungen mit dem ‚Faustischen' als angeblich typisch deutschem Wesenszug betrachtet.

Auf den Bühnen behauptet sich *Faust I* weiterhin als zentrales Werk der deutschen Dramenliteratur. Legendär wurde die Inszenierung von Gustav Gründgens am Hamburger Schauspielhaus, die 1960 auch fürs Kino verfilmt wurde. Gründgens interpretierte selbst die Rolle Mephistos und prägte sie nachhaltig. Einen weiteren wichtigen Markstein in der Rezeptionsgeschichte des Dramas stellte 1988/89 die Produktion von Dieter Dorn an den Münchner Kammerspielen dar, die im Gegensatz zu Gründgens die volkstümlichen Elemente des Stückes betonte. Im Jahr 2000 wuchtete Peter Stein anlässlich der Expo in Hannover den ersten und zweiten Teil des *Faust* in einer ungekürzten Fassung auf die Bühne. Dem 21-stündigen Theatermarathon, an dem 80 Mitwirkende beteiligt waren, warfen Kritiker allerdings eine reine Bebilderung des Reclam-Büchchens vor.

Literaturhinweise

Verwendete Textausgabe:

GOETHE, JOHANN WOLFGANG: *Faust. Der Tragödie erster Teil.* (Reclams Universalbibliothek Nr. 1), Stuttgart: Reclam 1986

Verwendete Literatur:

KELLER, WERNER: ‚Faust. Eine Tragödie'. In: Walter Hinderer (Hrsg.): *Goethes Dramen.* Stuttgart: Reclam 1992, S. 258–329

MAHAL, GÜNTHER: *Faust. Die Spuren eines geheimnisvollen Lebens.* Hamburg: Rowohlt-TB Verlag 1995

REQUADT, PAUL: *Goethes Faust I. Leitmotivik und Architektur.* München: Fink 1972

SCHMIDT, JOCHEN: *Goethes Faust. Erster und Zweiter Teil. Grundlagen – Werk – Wirkung.* München: C. H. Beck [2]2001

STAIGER, EMIL: *Goethe (Band 2: 1786 –1814).* Freiburg 1956

WIESE, BENNO VON: ‚Faust. Tragödie und Mysterienspiel'. In: Ders. (Hrsg.): *Die deutsche Tragödie von Lessing bis Hebbel.* Hamburg: Hoffmann und Campe 1948

Weiterführende Literatur:

BOERNER, PETER: *Johann Wolfgang v. Goethe in Selbstzeugnissen und Bilddokumenten.* (rowohlts monographien Bd. 100), Hamburg: Rowohlt 1976

Ein informatives Werk, das auf ca. 150 Seiten einen umfassenden und anschaulichen Überblick über Goethes Leben gibt. Bei den jeweiligen Lebensabschnitten werden auch wichtige Werke, z. B. *Faust*, besprochen.

BUCHWALD, REINHARD: *Führer durch Goethes Faustdichtung.* Stuttgart: Kröner [37]1983

Buchwalds Kommentar richtet sich an ein breiteres Lesepublikum und kommentiert szenenweise *Faust I* und *II* durchaus anschaulich und einfühlsam, wenn auch manchmal etwas pathetisch in der Wortwahl.

CONRADY, KARL OTTO: *Goethe. Leben und Werk.* Frankfurt am Main: Athenäum 1987

Ein sehr umfangreiches Werk, das auf insgesamt über 1000 Seiten ausführlich über Goethes Leben und Werk informiert. Das Buch ist trotz seines Umfangs empfehlenswert, weil es sich gleichfalls an ein breiteres Publikum wendet und deshalb gut lesbar verfasst ist und auf einen umständlichen Anmerkungsteil verzichtet.

GOETHE, JOHANN WOLFGANG: *Werke, Kommentare und Register.* Hamburger Ausgabe in 14 Bdn. (HA), Erich Trunz (Hrsg.), Bd. 3. Hamburg: Wegner [10]1976, Kommentar S. 421–681

Der umfangreiche Kommentarteil bietet Äußerungen von Goethe und Zeitgenossen zum Faust sowie einen Zeilenkommentar, der einzelne, vor allem heute nicht mehr gebräuchliche Ausdrücke erklärt und über die Versnummer erschließbar ist. Dazu kommen Ausführungen zu allgemeinen Aspekten des Werkes, wie z. B. Sprache, Symbolik oder Figuren

MAHAL, GÜNTHER: *Faust. Und Faust. Der Teufelsbündler in Knittlingen und Maulbronn.* Tübingen: Attempto 1997

Mahal ist ein ausgewiesener Kenner des historischen Fausts. Beide Werke sind geeignet, sich genauere Informationen über die Person(en) zu verschaffen, die Goethes Figur Pate stand.

Anmerkungen

1 P. Boerner, S. 76

2 R. Buchwald, S. 265

3 J. Schmidt führt diesen Themenkomplex genauer aus, S. 200

4 siehe auch Karl Otto Conrady, S. 138

5 Johann Wolfgang Goethe: *Werke, Kommentare und Register*. Hamburger Ausgabe in 14 Bdn. (HA), Erich Trunz (Hrsg.), Bd. 3. Hamburg: Wegner [10]1976, Kommentar, S. 468

6 Die Verszählung folgt der Reclam-Ausgabe von Goethes *Faust*.

7 *Goethes Werke*, Weimarer Ausgabe in 143 Bdn. (WA), Hermann Böhlau (Hrsg.). Bd. 41. Weimar 1887–1919, S. 15

8 zitiert nach Schmidt, S. 63

9 vgl. Werner Keller: Faust. Eine Tragödie, S. 304

10 Eberhard Hermes: Faust. Erster und Zweiter Teil, Stuttgart 1999, S. 141

11 Goethe: *Werke, Kommentare und Register*, Kommentar, S. 438.

12 Goethe: *Werke, Kommentare und Register*, Kommentar, S. 484

13 J. Schmidt, S. 70

14 siehe dazu Goethe: *Werke, Kommentare und Register*, Kommentar, S. 499

15 siehe dazu Schmidt, S. 75 ff.

16 Goethe: *Werke, Kommentare und Register*, Kommentar, S. 501

17 Goethe: *Werke, Kommentare und Register*, Kommentar, S. 502

18 ausführlicher dazu Schmidt, S. 89 ff.

19 Schmidt, S. 90

20 Hamburger Ausgabe, Bd. 3, S. 405, V. 1098 f.

21 Goethe: *Faust. Grundgedanken*. Münchner Lesebogen Nr. 100, München: Münchner Buchverlag o. J.

22 Abgedruckt in: Hans Schwerte: *Faust und das Faustische*. Stuttgart 1982, S. 397 ff.

23 Wilhelm Böhm: *Goethes Faust in neuer Deutung*. Köln: Seemann 1949, S. 40 ff.